Arena-Taschenbuch
Band 2998

Ein weiterer Titel in dieser Reihe:
Goethe für die Schule
Zusammenfassungen und Lektürehilfen
der wichtigsten Werke (Band 2997)

Torsten Körner,
geboren 1965, studierte Germanistik und Theaterwissenschaft.
Seine Magisterarbeit schrieb er über Schiller, darauf folgte
eine Promotion über Heinz Rühmann.
Torsten Körner lebt heute als freier Autor in Berlin.

Torsten Körner

Schiller für die Schule

Zusammenfassungen und Lektürehilfen der wichtigsten Werke

Mit einem Vorwort und Lektürehilfen von Sonja Muschkowski

Arena

In neuer Rechtschreibung

1. Auflage als Arena-Taschenbuch 2008
Dieser Ausgabe liegt folgende Edition zugrunde:
Torsten Körner: Schiller für Eilige

Mit einem Vorwort und Lektürehilfen von Sonja Muschkowski
Umschlaggestaltung: Frauke Schneider unter Verwendung
einer Abbildung von © AKG
Umschlagtypografie: knaus. büro für konzeptionelle
und visuelle identitäten, Würzburg
Gesamtherstellung: Westermann Druck Zwickau GmbH
ISSN 0518-4002
ISBN 978-3-401-02998-6

www.arena-verlag.de

Inhalt

Vorwort

Schiller in der Schule? Klassiker in der Schule? Ja, denn sie sind modern und haben durchaus Bezug zur Gegenwart.

Dieser Band soll die Annäherung an ehrwürdig erscheinende Dichter wie Schiller ermöglichen.

Beim Durchlesen der pointiert und unterhaltsam geschriebenen Zusammenfassungen von Torsten Körner bekommt man geradezu Lust, das Original zu lesen.

An die Zusammenfassungen schließt sich jeweils ein Spickzettel an. Er enthält die wichtigsten Informationen, die Deutschlehrer so sehr lieben: Gattung, Entstehungsdatum, Ort der Handlung, Zeitpunkt der Handlung, Gedankengut literarischer Epochen und Ansätze zur Interpretation. Einige Spickzettel nennen auch Besonderheiten, wenn der Aufbau es verlangt. Die von Deutschlehrern so strapazierte Personenkonstellation wurde wegen des Umfangs ausgelassen, außerdem ist sie ganz einfach den Zusammenfassungen zu entnehmen. Die Spickzettel sollen also das Verständnis erleichtern und das Augenmerk beim

Lesen des Originals lenken. Die Vielzahl der Interpretationsaspekte wird in der Regel nicht komplett im Unterricht behandelt, aber jeder Lehrer legt ja bekanntlich unterschiedliche Schwerpunkte ... Bei den Literaturepochen werden nur die einflussreichsten genannt, aber es gibt immer einzelne Textstellen, die man auch anderen Epochen zuordnen kann.
Niemals kann jedoch ein Werk wie das vorliegende die Lektüre des Originals ersetzen, einige Aspekte werden sogar erst danach verständlich oder anwendbar. Auch der Wirkung von Sprache, Wortwitz oder dem Empfinden des kunstvollen Aufbaus eines Werkes kann eine Zusammenfassung mit Spickzettel nicht gerecht werden. Vielmehr sollte der vorliegende Band als eine Art Schwimmreifen verstanden werden, der im Idealfall irgendwann dazu fähig macht, ganz alleine zu schwimmen ...

Sonja Muschkowski

Die Räuber

Als der letzte Vorhang fiel, glich das Theater einem Irrenhaus. Fremde Menschen fielen einander schluchzend in die Arme, Fäuste wurden geballt, Frauen wankten, einer Ohnmacht nahe, zum Ausgang, man pfiff, schrie, warf die Arme empor, verdrehte die Augen, jubelte, verdammte. Die Sensation war perfekt und auch der Skandal. Am Abend des 13. Januar 1782 gingen im Mannheimer Nationaltheater zum ersten Mal die Räuber über die Bühne.

Ein Jahr zuvor war das Stück veröffentlicht worden und hatte sofort wilde Gerüchte provoziert. Der Dichter, so erzählte man sich, würde Mord und Totschlag predigen, Gewalt verherrlichen, er verachte jede Ordnung und seine Helden seien gewissenlose Bestien. Niemals zuvor habe man ein so brutales und rohes Stück gelesen und vielleicht, empörten sich einige, sei es besser, den Verfasser ins Gefängnis zu werfen. Wie ein Lauffeuer hatte sich deshalb die Nachricht verbreitet, der junge Dichter wolle der Uraufführung seines Stückes höchstpersönlich beiwohnen. Die Neugier, ihn und das skandalöse Stück zu sehen, war so groß, dass zahlreiche Besucher an der Kasse abgewiesen werden mussten; das Theater war schließlich hoffnungslos überfüllt. Unterdessen hatte der berüchtigte Dramenschreiber Friedrich Schiller seinen Logenplatz eingenommen und wartete nervös auf den Beginn der Vorstellung. Endlich löschte man die Lichter, die unheilvolle Geschichte nahm ihren Lauf.

Der Schauplatz befindet sich in Deutschland, um die Mitte des 18. Jahrhunderts. Maximilian, der regierende Graf von Moor, ist kein glücklicher Mann. Er ist alt, schwach und die Zukunft seines Hauses ist ungewiss. Maximilian hat zwei Söhne, die ungleicher nicht sein könnten. Karl, sein erstgeborener Sohn, soll die Träume und Hoffnungen des Vaters verwirklichen. Die Natur hat ihn verwöhnt, er ist kraftvoll, talentiert, schön, ein Draufgänger, ein Abenteurertyp, zwar leichtsinnig und großmäulig, aber dennoch gutherzig. Sein Bruder Franz jedoch, der zweitgeborene Sohn des Grafen, verkörpert das genaue Gegenteil. Mit seinen hervorquellenden Augen, der käsigen Nase und dem jämmerlich schiefen Mund kann man ihn nur äußerst hässlich nennen. Hinter dieser Fratze verbirgt sich jedoch ein scharfer, verschlagener Verstand, der darunter leidet, in einem so unschönen Körper eingesperrt zu sein. Neidzerfressen wartet Franz auf

die Gelegenheit, Karl zu verderben, ihm seine glanzvollen Aussichten zu zerstören.
Doch so unterschiedlich die Brüder äußerlich auch sind, hier der strahlende Held, dort die Karikatur eines Menschen, innerlich sind sie einander so fremd nicht. Beide wollen hoch hinaus, Karriere machen, beide rebellieren gegen die bestehende Ordnung, beide hungern danach, ihr Ich hemmungslos auszuleben.
Eines Tages, wieder einmal wartet der alte Graf sehnsüchtig auf Nachrichten von seinem Liebling Karl, der in Leipzig studiert, beginnt Franz, seine teuflische Intrige zu spinnen. Mit gefälschten Briefen überzeugt er den Vater davon, dass aus dem Studenten Karl ein verkommener Verbrecher geworden ist, der wegen hoher Schulden, Vergewaltigung und Mord überall gesucht wird. Die Nachricht schockiert den alten Moor, auch das gehört zum Plan von Franz. Er will die Psyche des Vaters brechen, seinen Geist ruinieren, um ihn so körperlich zu zerstören. Sein Ziel ist klar: Er will den Vater töten und seinen erstgeborenen Bruder beseitigen, um alle Macht an sich zu reißen: »Ich will alles um mich her ausrotten, was mich einschränkt, dass ich nicht Herr bin.« Ganz nebenbei will er auch noch Amalia, die Braut seines Bruders, für sich gewinnen, wenn es sein muss mit Gewalt. Franz hat keine Skrupel, über Leichen zu gehen.

Während Franz am Untergang seines verhassten Bruders Karl arbeitet, sitzt dieser, der mit seinen Freunden aus der Stadt geflohen ist, in einer finsteren Kneipe und hofft auf ein versöhnliches Zeichen seines Vaters. Zwar hat er einige wilde ausgelassene Studentenstreiche verübt, ein Verbrecher aber ist er sicher nicht. Deshalb hat er an den alten Moor geschrieben, ihn reumütig um Vergebung und die Erlaubnis gebeten, nach Hause zurückkehren zu dürfen. Wie groß ist da seine Enttäuschung, als stattdessen ein Brief seines Bruders eintrifft, der ihm mitteilt, dass ihn der Vater wegen seiner Verbrechen verstößt und ihm niemals verzeihen wird.

Karl ist verzweifelt und empört. Seine Situation erscheint ihm ausweglos, von einer Sekunde zur anderen hat er seinen Vater, seine Braut und die Heimat verloren. Nur deshalb lässt er sich auf jene Idee ein, die sein verschlagener Freund Spiegelberg ausgeheckt hat. Er akzeptiert, dass seine Kumpane eine Räuberbande gründen und ihn zum Hauptmann wählen. Diese Rolle als Außenseiter und Rebell kommt Karl gerade recht. Sein Selbstmitleid schlägt um in Zorn und Rachegefühle, er ist zum Äußersten bereit: »Ich habe keinen Vater mehr, ich habe keine Liebe mehr, und Blut und Tod soll mich vergessen lehren, dass mir jemals etwas teuer war!«

Das ist das zerstörerische, selbstzerstörerische Programm, das Karl und seine Freunde durch einen Schwur bekräftigen. Sie schwören einander Treue bis in den Tod.

Nachdem der aalglatte Franz seinen Vater auf derart gemeine Weise betrogen hat, will er nun Amalia für sich gewinnen. Zuerst denunziert er Karl bei ihr, dann verteidigt er ihn plötzlich und bietet sich Amalia als treuer Helfer und Anwalt seines Bruders an. Amalia aber erkennt, dass Franz bloß ein verschlagener Schmierenkomödiant ist, und wehrt ihn entschieden ab: »Ich verachte dich, geh! Geh, Verräter.«

Da Amalia großen Einfluss auf den alten Moor besitzt, muss Franz nun fürchten, dass sie ihn überzeugt, dem geliebten Sohn zu verzeihen. Sofort verstärkt Franz seinen Psychoterror, um den Vater schneller ins Grab zu bringen. Er macht den Bastard Hermann zu seinem Komplizen, er besticht ihn und gewinnt ihn schließlich für seinen raffinierten Plan: Hermann soll sich verkleidet als Fremder ausgeben, der dem Grafen ein Schauermärchen auftischt. Er erzählt dem alten Moor, er habe Karl im Krieg kennengelernt und sei Zeuge seines ruhmvollen Todes gewesen. Ja, es sei ganz offensichtlich, so Hermann, Karl habe selbstmörderisch den Tod gesucht, da der eigene Vater ihn verstoßen und ihm verboten habe, jemals nach Hause zurückzukehren.

Der alte Moor ist außer sich, am ganzen Körper zitternd, ruft er: »Mein Fluch hat ihn in den Tod gejagt!« Nun scheint sich Franz' perfide Idee zu erfüllen. Der Vater verflucht sich selbst und auch seinen Sohn Franz, den schlechten Ratgeber: »Scheusal, Scheusal, schaff mir meinen Sohn wieder!« Er will Franz die Kehle zudrücken, doch der schleudert den kraftlosen Greis in die Ecke. Amalia versucht zwar, Maximilian Moor zu trösten, doch als sie ihm aus der Bibel vorliest, fühlt er sich erst recht an Karl erinnert. Er fällt, vollkommen erschüttert und kraftlos, in eine totenähnliche Starre. Entsetzt läuft Amalia davon und schreit: »Tot! Alles tot!« Nun glaubt sich Franz am Ziel, denn alle Macht gehört jetzt ihm. Was aber, wenn der Alte gar nicht tot ist? Franz zögert nicht lange und lässt seinen eigenen Vater in eine finstere Gruft werfen, wo er qualvoll verhungern soll.

Karl hat inzwischen als Räuberhauptmann Karriere gemacht und Schuld auf sich geladen. Seine Bande ist gefürchtet und auf seinen Kopf wurde eine hohe Belohnung ausgesetzt. Doch Karl hat sich über seine Rolle als edler Rächer und Außenseiter selbst betrogen. Banditen besitzen keine weiße Weste, Robin Hood, den edlen Anwalt der Witwen und Waisen, hat es nur als Romanhelden gegeben. Während Karl nur die Mächtigen und Ungerechten strafen will, macht die Mordgier seiner Männer vor niemandem halt. Vor allem der gierige Spiegelberg brüstet sich mit immer neuen Gewalttaten. Als Karls Freund Roller in Gefangenschaft gerät und ihm der Galgen droht, lässt der Hauptmann kurzerhand die Stadt stürmen und rettet den Kumpan vor dem Henker. Doch die Befreiungsaktion wird unversehens zum Blutbad. Die entfesselten Räuber steigern sich in einen entsetzlichen Zerstörungsrausch, selbst junge Mütter und ihre Säuglinge werden gnadenlos abgeschlachtet. Zuletzt ist die Stadt dem Erdboden gleichgemacht und annähernd hundert unschuldige Einwohner waren rücksichtslos getötet worden.

Karl möchte sich nach dieser Gewaltorgie am liebsten in die Erde verkriechen, sein Gewissen quält ihn: »Pfui über den Kindermord! Den Weibermord! Den Krankenmord!« Innerlich sagt er sich von seiner Bande los, er erkennt, dass er die Verantwortung für ihr Treiben trägt. Doch gerade in dem Augenblick, als er fliehen will, wird er aufgehalten. Schüsse fallen, Rufe dringen durch den dunklen Wald, man hört Reiter. Die Räuber sind umstellt, ihre Verfolger haben sie mit erdrückender Übermacht eingekreist. An Flucht ist jetzt nicht mehr zu denken, die Räuber erwarten von ihrem Hauptmann, dass er in diesem Augenblick höchster Gefahr die Rolle des Anführers übernimmt. Karl ist zum Kampf entschlossen.

Da nähert sich ein Priester als Abgesandter der Obrigkeit den Räubern und will sie zur Aufgabe überreden. Doch Karl tritt ihm stolz und trotzig entgegen und bekennt, ohne zu zögern, dass er aus Idealismus mordet. Obwohl er erkannt hat, dass seine Rolle als edler Räuber und Rächer unhaltbar ist, reizt es ihn, gegen diesen selbstgerechten Vertreter der Autorität aufzubegehren. Er brüstet sich mit dem Mord an verkommenen Politikern und Herrschern und wirft dem Priester und seiner Kirche Falschheit, Geiz und Völkermord vor. Daraufhin versucht der Priester, seine letzte Trumpfkarte auszuspielen. Er bietet allen Räubern Freiheit und Vergebung an, wenn sie im Gegenzug ihren unbelehrbaren Hauptmann ausliefern. Mit dieser Forderung stößt er jedoch ins Leere. Karl, der ohnehin das Räuberleben aufgeben wollte, bietet sich freiwillig für die anderen als Opfer an. Doch Roller und Schweizer, jene beiden Räuber, die Karl am nächsten stehen, fordern die anderen auf, ihren Hauptmann zu retten. Die anderen Räuber lassen sich von ihrem Vorbild und ihrer Treue mitreißen: »Rettet, rettet den Hauptmann!« Und obwohl die kaum hundert Räuber weit über tausend bewaffnete Männer gegen sich haben, gelingt es ihnen, sich durchzuschlagen und zu entkommen. Nur Roller verliert sein Leben in der Schlacht.

Franz spielt unterdessen auf dem Schloss den Alleinherrscher und bedrängt die trauernde Amalia gewaltsam. Die ist jedoch nicht gewillt, das wehrlose Opferlamm zu sein, und schlägt den gierigen Angreifer mit dem Degen in der Hand in die Flucht. Kaum hat sie sich von der Attacke erholt, als sich der von seinem Gewissen gequälte Hermann herandrängt und ihr gesteht, dass weder Karl noch sein Vater tot ist. Das Lügengebäude sei das Werk von Franz.

Während also die Geschichte für die liebende Amalia eine überraschende Wendung nimmt, suhlt sich ihr Held in Sentimentalität und Selbstmitleid. Am liebsten würde Karl in den Bauch der Mutter zurückkriechen, ein schuldloses, unbeflecktes Baby sein. Aus dieser Stimmung reißt ihn erst ein junger Mann, der sich den Räubern anschließen will. Er heißt Kosinsky und hat ein ähnliches Schicksal wie Karl zu verkraften, auch ihm wurde eine Braut geraubt, die den Namen Amalia trug. Tief bewegt ergreift Karl wieder die verloren gegangene Initiative und befiehlt seinen Männern, mit ihm in die Heimat zu reiten. Er muss Amalia sehen und mit ihr sprechen. Gibt es Hoffnung?

Auf dem väterlichen Schloss angelangt, lässt sich Karl unter falschem Namen melden. Die Jahre haben ihn stark verändert, eine Verkleidung tut ein Übriges und so erkennt Amalia den Geliebten nicht. Zwar fühlt sie sich stark von ihm angezogen, kann sich dies aber nicht erklären. Der hellsichtige Franz lässt sich jedoch nicht so leicht täuschen. Er erkennt den heimgekehrten Bruder und zögert keine Sekunde, den Rivalen aus dem Weg zu räumen. Er zwingt den Diener Daniel dazu, den geheimnisvollen Fremden zu ermorden. Doch Daniel, der Karl schon als Kind betreut hat, vertraut sich ihm offen an und berichtet, dass Franz derjenige war, der ihn beim Vater denunzierte und dessen Vergebung verhinderte. Die Erkenntnis ist bitter. Karl begreift, dass sein blutiger Rachefeldzug auf falschen Annahmen basierte: »Oh ich blöder, blöder, blöder Tor!« Kaltes Grausen packt ihn, der erste Impuls lässt ihn fliehen, dann jedoch besinnt er sich, er muss Amalia ein letztes Mal sehen!
Die Liebenden treffen sich im Garten. Obwohl Karl Andeutungen über seine wahre Identität macht, erkennt Amalia ihn nicht. Sie sieht Karl gleichsam vor lauter Karl nicht und er schweigt ängstlich, denn ihm fehlt der Mut, ihr zu sagen, dass er ein Mörder geworden ist. Unglücklich reißt er sich von ihr los und läuft davon.

Die führungslosen Räuber warten inzwischen verdrossen auf ihren Hauptmann. Mit dessen Abwesenheit war ein Machtvakuum entstanden, das der verschlagene und rachsüchtige Spiegelberg nutzen will. Er hat Karl nicht verziehen, dass er die Führungsrolle übernommen und ihn ins zweite Glied gedrängt hat. Spiegelbergs Mordvorbereitungen bleiben jedoch nicht unentdeckt. Schweizer, Karls loyaler Gefährte, überrascht ihn dabei und ersticht den Verräter, ohne sich lange zu besinnen.

Als Karl zu den Räubern zurückkehrt, lässt ihn der Anblick des toten Spiegelberg in tiefes, verzweifeltes Grübeln versinken. Während sich die völlig übermüdeten Gefährten schlafen legen, wird Karl von allen denkbaren Zweifeln heimgesucht. Wohin mit mir? Gibt es einen Gott? Ein Jenseits? Irdische Vollkommenheit? Hätte es nicht einen anderen Weg für mich geben können? Den einzigen Ausweg aus dieser großen Konfusion sieht der verzweifelte Karl jetzt im Selbstmord. Schon hat er die Pistole an den Kopf gesetzt, bereit abzudrücken. Mit letzter Kraft beschließt er, den Qualen standzuhalten, weiterzuleben: »Nein, ich wills dulden! Ich wills vollenden!«

Gerade hat er die Pistole fortgeworfen, als er eine Gestalt im Dunkel des nächtlichen Waldes bemerkt. Es ist Hermann, der zur Gruft schleicht, um den alten

Moor heimlich mit Nahrung zu versorgen. Karl stellt ihn und zwingt ihn, das dunkle Geheimnis preiszugeben. Sofort bricht er entsetzt die Tür des Verlieses auf. Da wankt der alte, völlig abgemagerte und tödlich geschwächte Moor wie ein Gespenst aus seinem Gefängnis heraus. Er erzählt Karl, den er nicht als seinen Sohn erkennt, wie ihn Franz gequält habe, wie er den eigenen Vater schließlich in diese Gruft habe werfen lassen, damit er bei lebendigem Leibe verfaule.
Selbst die hartgesottenen Räuber sind von dieser furchtbaren Tat entsetzt, als ihnen Karl schildert, wie kalt und herzlos sein Bruder sich verhalten hat. Er brennt darauf, Rache zu nehmen, blutige Rache, und so beauftragt er Schweizer, ihm seinen Bruder herbeizuschaffen: »Aber ich sage dir, liefr' ihn mir nicht tot! Ganz muss ich ihn haben, lebendig! So eile davon.« Mit seinem Leben bürgt Schweizer für die Erfüllung des Auftrags.

Im Schloss erwacht Franz schweißgebadet aus einem Albtraum. Er spürt, dass ihm eine Gefahr droht. Im Traum wurde er vor das Jüngste Gericht gerufen. Eine furchtbare Stimme rief: »Gnade jedem Sünder der Erde und des Abgrunds! Du allein bist verworfen!« Nun wird Franz von denselben Fragen eingeholt, die schon seinen Bruder Karl in dieser Nacht gequält haben. Gibt es einen Gott? Ein Leben nach dem Tod? Werden meine Verbrechen bestraft? In seiner Orientierungslosigkeit lässt er den Pastor Moser rufen. Franz glaubt, im Streitgespräch mit Moser könne er Gott wegdiskutieren, seinen alten Unglauben auffrischen und den Selbstzweifeln trotzen. Doch das Gespräch verläuft anders als gedacht. »Es ist kein Gott!«, höhnt Franz, doch unbeirrt entgegnet der Pastor: »Glaubt ihr, Gott wird es zulassen, dass ein einziger Mensch in seiner Welt wie ein Terrorist wütet und die ganze Ordnung auf den Kopf stellt?« Franz wird immer ängstlicher, das Gespräch mit Moser treibt ihn noch tiefer in schwärzeste Ausweglosigkeit. Er wollte ein großer Verbrecher sein, ein skrupelloser, zynischer Machtmensch, kein Gewissen sollte ihn quälen. Jetzt ist nichts von dieser Überheblichkeit geblieben und Franz jagt den Pastor davon.

Von draußen dringen indessen Geschrei und Lärm herein, die Räuber erstürmen das Schloss. Immer lauter wird der Tumult, Franz steigert sich in Wahnvorstellungen und glaubt, Gott selbst hätte bereits seine Rächer ausgeschickt, um ihn zu bestrafen. Gerade in dem Moment, als die Tür seines Zimmers berstend zersplittert und die Räuber eindringen, erdrosselt sich Franz und fällt tot zu Boden. Schweizer tritt an die Leiche und stößt sie mit dem Fuß. Kein Lebenszeichen! Jetzt kann er sein Wort gegenüber seinem Hauptmann, ihm den Bruder lebend zu bringen, nicht mehr halten und er zieht sofort eisig die Konsequenz. Schweizer setzt sich die Pistole an die Stirn und drückt ab.

Inzwischen warten Karl und der alte Moor voller Unruhe darauf, dass ihnen Franz gebracht wird. Karl graust es davor, dass ihn sein Rachedurst zum Mord an dem Bruder treibt, und Maximilian fürchtet, seinen letzten Sohn zu verlieren. Karl, den er ja für tot hält, hat er immer noch nicht erkannt, so gilt seine Sorge Franz, obwohl der ihn so grausam behandelt hatte. Endlich melden die Räuber ihrem Hauptmann, dass Franz bereits tot war, als sie ihn fanden. Unendliche Erleichterung ergreift nun Karl, zumindest dieses Verbrechen muss er nicht mehr begehen. Da stürzt Amalia herbei, die inzwischen erfahren hat, wo sie den Oheim und Karl findet. Vor dieser Begegnung hatte Karl die meiste Angst gehabt. Jetzt muss er bekennen, wer er geworden ist. Er will weglaufen, doch Amalia hält ihn zurück, auch der schreckliche Blick seines Vaters lähmt ihn. Da bricht es aus ihm heraus: »Stirb, Vater! Stirb durch mich zum dritten Mal! Diese deine Retter sind Räuber und Mörder! Dein Karl ist ihr Hauptmann!« Der alte Moor ist diesem neuen Schlag nicht mehr gewachsen, er stirbt.

Amalia steht erstarrt, die Räuber schweigen betroffen. Erst als sich Karl wieder losreißen will, erwacht Amalia aus ihrer Lähmung. Sie umarmt Karl: »Mörder! Teufel! Ich kann dich Engel nicht lassen!« Karl schleudert sie von sich, wieder wirft sich ihm Amalia entgegen. Für einen Moment zeigt sich den Liebenden eine andere Welt. Karl vergisst seine Verbrechen, seine Räuber, vielleicht ist es für das Glück noch nicht zu spät?

Doch dieser Moment währt nur kurz. Grimmig erinnern die Räuber Karl daran, dass er ihnen durch einen Schwur verbunden ist: »Du willst von uns abfallen, nur weil ein Mädchen weint? Du Ehrloser, du Treuloser!« Karl begreift, dass er diesem Leben als Räuber nicht mehr entkommt. Es gibt keine Umkehr mehr, keinen Weg zurück in die Gesellschaft, keine Zukunft mit Amalia. Er wendet sich ab. Da fleht die verzweifelte Amalia ihn an, sie zu töten, wenn er schon nicht mehr mit ihr leben kann. Als ein anderer Räuber sein Gewehr auf sie anlegt, kommt Karl ihm zuvor. Er durchstößt sie mit dem Degen, sie sinkt in seinen Armen zu Boden.

Keine Hoffnung hält Karl jetzt noch zurück, nichts bindet ihn nun noch an die Räuberbande, er sagt sich von ihnen los. Schaudernd zieht er Bilanz: »Da steh ich am Rand eines entsetzlichen Lebens und erfahre nun mit Zähneklappern und Heulen, dass zwei Menschen wie ich den ganzen Bau der sittlichen Welt zugrunde richten würden. Ich muss die misshandelte Ordnung wieder heilen. Ich muss ihr ein Opfer bringen. Ich selbst muss für sie des Todes sterben. Ich geh, mich selbst in die Hände der Justiz überliefern.« Dann fällt ihm ein armer Tagelöhner mit elf Kindern ein. Die Belohnung auf seinen Kopf soll sich dieser Mann verdienen: »Dem Mann kann geholfen werden.« So geht Karl seinem Urteil und seinem Tod entgegen.

Als der Vorhang fiel, war der Tumult riesengroß, im Theater herrschte allgemeines Chaos. Friedrich Schiller verbeugte sich schüchtern, aber auch stolz gegen sein Publikum, das ihm begeistert zujubelte. Er war an diesem Abend ein Star geworden und sein erstes Stück wird bis heute gespielt.

Spickzettel »Die Räuber«

Gattung: Drama (Schauspiel)

Entstehungsdatum: 1781 (anonym erschienen)

Ort der Handlung: Deutschland

Zeitpunkt der Handlung: Mitte des 18. Jahrhunderts

Gedankengut der literarischen Epoche: Sturm und Drang

Themenbereiche/Ansatzpunkte zur Interpretation:

- Idealismus und Kritik an seinen Fehlformen
- Kritik an Autoritäten (Kirche, Herrschern) und ihrem selbstgerechten Verhalten
- Verführbarkeit und Machtgier des Menschen
- Theodizeefrage
- Schuld und Gewissen
- Bestehen von Ordnungs- und Wertesystemen und Aufzeigen von deren Fragwürdigkeit

Die Verschwörung des Fiesko zu Genua

Die Gier nach Macht ist eine Krankheit zum Tode. Die folgende Geschichte erzählt von einem Mann, der die Macht lieben lernte und dabei vergaß, wie ein Mensch zu leben.

Man schreibt das Jahr 1547. Der schönste, stolzeste und vornehmste Mann von Genua ist Fiesko, der Graf von Lavagna. Wir begegnen ihm auf einem rauschenden Ball, der den gesamten Adel der Stadt versammelt. Leonore, Fieskos Gattin, flieht aufgebracht aus dem Getümmel, sie ist unglücklich. Als sie Fiesko vor einigen Monaten geheiratet hatte, war sie noch die glücklichste Frau der ganzen Stadt. Alle Frauen beneideten sie, kein anderer Mann versprach eine so glänzende Zukunft, kein anderer Mann war sich seines Wertes so bewusst. Deshalb verknüpfen viele Genueser ihre Hoffnungen mit seinem Leben und seiner Karriere. Viele Bürger glauben, dass nur er die Familie der Doria, die tyrannisch über die Stadt herrscht, stürzen und die Genueser befreien kann. Auch Leonore sah ihren Fiesko in dieser Rolle, als sie mit ihm vor dem Traualtar stand. Heimlich dachte sie: »Fiesko muss Genua von seinen Tyrannen erlösen!« Doch inzwischen zeigt dieser so reich begabte junge Mann in der Öffentlichkeit ein anderes Gesicht. Für Politik scheint er sich nicht mehr zu interessieren, er jagt nur noch oberflächlichen Reizen hinterher, vergnügt sich mit Frauen, trinkt und tanzt. Aus dem ambitionierten Bürger ist ganz offenkundig ein lüsterner Lebemann geworden, ein Tagträumer ohne Ehrgeiz und politische Pläne. Dieser Eindruck scheint sich auf dem Ball wieder einmal zu bestätigen. Man sieht Fiesko kaum an der Seite seiner Frau, hartnäckig stellt er dagegen der Gräfin Julia Imperiali nach, macht ihr Komplimente, flirtet nach allen Regeln der Kunst. Was Leonore jedoch nicht ahnt und niemand in Genua weiß, ist, dass Fiesko nur spielt. Hinter der Maske des schlaffen Playboys verbirgt er ein ganz anderes Gesicht, andere Absichten. Auch der Graf von Lavagna hat die Alleinherrschaft der Familie Doria satt. Der alte Doge Andreas Doria ist zwar ein ehrwürdiger Mann, ein Herrscher, der die anderen Fürsten der Stadt respektiert. Dagegen ist sein Neffe Gianettino Doria, der nach der Herzogswürde und der unumschränkten Herrschaft strebt, ein gewissenloser Tyrann, dessen Machtgier auf nichts und niemanden Rücksicht nimmt. Fiesko hasst Gianettino insgeheim und bereitet seinen Untergang und den Sturz der Doria vor. Nur um Gianet-

tino in Sicherheit zu wiegen, heuchelt er Leidenschaft für seine Schwester, die Gräfin Imperiali.
Als sich die beiden Männer auf dem Ball begegnen, spielt Fiesko seine Rolle nahezu perfekt. Er schmeichelt seinem Gegner und macht sich selbst klein: »Gianettino herrscht über meinen Kopf und Genua; über mein Herz Eure liebenswürdige Schwester. Gianettino mag Genua beherrschen. Fiesko wird lieben.« Dass er mit diesen Falschspielereien und Tricks die Gefühle seiner Frau verletzt, bemerkt Fiesko nicht.
Zwar glaubt Gianettino, dass Fiesko sich in sein privates Refugium zurückgezogen hat, dennoch sieht er in ihm eine potenzielle Gefahr für seine Pläne. Deshalb engagiert er einen Mörder, den Mohren Muley Hassan, und gibt ihm den Auftrag, den Grafen von Lavagna zu beseitigen: »In höchstens drei Tagen muss er kalt sein.« Doch der Anschlag misslingt. Geschickt weicht Fiesko dem Dolch des Mohren aus und überwältigt ihn. Eine Laune hält ihn davon ab, den Attentäter an den Galgen zu bringen: »Dein Ungeschick ist mir ein Unterpfand des Himmels, dass ich zu etwas Großem aufgehoben bin.« Fiesko geht sogar noch weiter, er heuert den Mohren als Spitzel und rechte Hand an und entlohnt ihn reichlich. Dieses Angebot schlägt Muley Hassan nicht aus: »Top, ich bin Euer. Braucht mich, wozu Ihr wollt. Zu Eu-

rem Spürhund, zu Eurem Fuchs, zu Eurer Schlange.« Dass diese Verabredung verhängnisvoll sein wird, ahnt Fiesko nicht. Er macht sich durch diesen Pakt mit dem Bösen gemein und beginnt, mit den Mitteln eines Gianettino zu kämpfen. Fiesko findet Gefallen daran, ein cleverer Spieler zu sein, er beginnt, sich in sein Machtspiel zu verlieben. Und lässt sich das Leben nicht wie ein Schachspiel beherrschen?

Fiesko ist jedoch nicht der einzige vornehme Mann in Genua, der bereit ist, die Doria zu stürzen und die Freiheit der Republik zu verteidigen. Da ist zuallererst Verrina, ein alter Haudegen und aufrechter Republikaner, dessen Freiheitsliebe mindestens so groß ist wie seine persönliche Rachgier, denn Gianettino hat seine Tochter Berta vergewaltigt. Aus ebendiesem Grund will auch der idealistische Bourgognino, Bertas Bräutigam, den jungen Doria umbringen.

Sehr viel egoistischer sind dagegen die Motive der Edelleute Calcagno und Sacco. Während Sacco hofft, durch einen Umsturz seinen riesigen Schuldenberg loszuwerden, ist Calcagno ganz einfach scharf auf Fieskos Frau Leonore. Er spekuliert, dass er eine Chance bekommt, sie zu verführen, wenn ihr Mann durch politische Aktionen abgelenkt wird. Dass also Politik auch immer darauf abzielt, private Begierden zu stillen, machen uns diese Männer und ihre Wünsche ganz deutlich. Ausschließlich das Gemeinwohl hat keiner von ihnen im Auge.

Allerdings haben die Verschwörer ein Problem. Sie brauchen den populären Fiesko unbedingt, sie wissen bloß nicht, wie sie ihn einschätzen sollen. Auf welcher Seite steht er? Was hat er im Sinn? Ganz genau weiß Fiesko selbst nicht, wohin er will. Er hat Ambitionen, er findet Gefallen an der Macht, aber ist es nicht doch sehr viel befriedigender, der Republik zu dienen und die Selbstverwirklichungssucht zu bezwingen? Um Fiesko zu provozieren und sein scheinbar erloschenes politisches Feuer wieder anzufachen, zeigen die Verschworenen ihm ein Gemälde des Malers Romano, das den Widerstand gegen tyrannische Willkür und ungerechte Herrschaft preist.

Fiesko lässt die Verschwörer zappeln. Er macht sich einen Spaß daraus, das Bild nur erotisch zu deuten, noch einmal gibt er die Rolle des sinnlichen Playboys. Umso bestürzter sind Verrina und die anderen, als sich Fiesko diese Maske plötzlich brutal vom Gesicht reißt und sich als kalter und ungemein effizienter Stratege zu erkennen gibt: »Dachtet ihr, der Löwe schliefe, weil er nicht brüllte? Wäret ihr eitel genug, euch zu überreden, dass ihr die Einzigen wäret, die Genuas Ketten fühlten?« Fiesko zeigt Dokumente vor, die beweisen, dass er im Verborgenen sehr ener-

gisch gehandelt hat. Geld und Truppen sind für den Umsturz bereits besorgt und auch die Unterstützung des Papstes hat sich Fiesko gesichert.
Seine Verstellungskunst und Tatkraft machen die anderen sprachlos. Dass der Graf von Lavagna die Führungsrolle beansprucht, ist nun klar und unbestritten, nur der alte Verrina misstraut diesem politischen Chamäleon. Nachdem die anderen ihn verlassen haben, überdenkt Fiesko noch einmal seine Rolle: »Republikaner Fiesko? Herzog Fiesko? Ein Diadem zu erkämpfen ist groß. Es wegwerfen ist göttlich. Geh unter, Tyrann! Sei frei, Genua, und ich dein glücklichster Bürger!« Bleibt Fiesko bei dieser Entscheidung? Wird er der Machtgier widerstehen und sich dem Gesetz unterordnen?
Der alte Verrina glaubt nicht an den Republikaner Fiesko. Deshalb quält ihn ein blutiger Plan, den er jemandem anvertrauen muss. Er führt seinen zukünftigen Schwiegersohn Bourgognino in eine abgelegene Wildnis, niemand soll sie hier belauschen. Verrina spricht mit todernster Stimme: »Höre, aber erwidre nichts. Nichts, junger Mensch. Fiesko muss sterben! Den Tyrannen wird Fiesko stürzen, das ist gewiss! Fiesko wird Genuas gefährlichster Tyrann werden, das ist gewiss!« Sprachlos sieht Bourgognino den entschlossenen Alten davoneilen.

Wie sehr Verrinas Einschätzung zutrifft, zeigt sich bereits am nächsten Morgen. Fiesko betrachtet die aufgehende Sonne und nur die Schönheit dieses majestätischen Bildes verführt ihn, alle Bescheidenheit und Tugend über Bord zu werfen: »Der erhabene Kopf hat andere Versuchungen als der gemeine. – Sollt' er Tugend mit ihm zu teilen haben? Die Schande nimmt ab mit der wachsenden Sünde. Es ist namenlos groß, eine Krone zu stehlen. Gehorchen und Herrschen! In dieser schrecklichen Höhe zu stehen! Ich bin entschlossen!« Fiesko hat sich entschieden. Er will herrschen, herrschen, herrschen. Und zwar allein.

Seine Pläne gewinnen an Dynamik, als ihn der Mohr mit neuen Informationen über seinen Gegenspieler versorgt. Auch Gianettino trifft Vorbereitungen zum gewaltsamen Umsturz. Zwölf Senatoren, darunter Fiesko und Verrina, sollen ermordet werden, Kaiser Karl gewährt dem jungen Doria dafür die nötige militärische Unterstützung. Als Fiesko seinen Mitverschworenen Dorias Komplott enthüllt, sind alle bereit, sich ihm unterzuordnen und ihm bedingungslos zu folgen. Nur Verrina macht eine bedeutungsvolle Einschränkung: »Ein freies Leben ist ein paar knechtischer Stunden wert – wir gehorchen.« Sofort zieht Fiesko die Zügel an. Noch in dieser Nacht sollen die

Doria gestürzt und ermordet werden, Vorbereitungen werden getroffen. Fiesko schickt Späher aus, lässt seine Truppen sammeln und den Hafen besetzen. Dann entlässt er die Mitverschworenen im Ton des Herrschers: »Heute Abend Schlag neun Uhr ist alles im Schloss, meine letzten Befehle zu hören.«

Während die Verschwörer seine Anweisungen ausführen, setzt Fiesko ein letztes Mal die Maske des unpolitischen Tagträumers auf. Er besucht Gianettino Doria und wiegt ihn in Sicherheit, indem er wie üblich mit seiner Schwester flirtet. Dieses Täuschungsmanöver gelingt zwar, etwas anderes jedoch ist bereits misslungen. Der Mohr spürt, dass Fiesko ihn bald fallen lassen wird, und so überlegt er sich, die Seiten zu wechseln und den Dorias alles zu verraten. Fiesko ist jedoch so sehr von seiner Cleverness geblendet, so eitel, dass er aus dieser Richtung keine Gefahr auf sich zukommen spürt.

Planmäßig versammelt sich abends der Genueser Adel in Fieskos Schloss. Man erwartet die versprochene Festlichkeit, doch Fiesko überrascht seine Gäste mit dem Plan, die Doria zu stürzen: »Lange genug haben wir die Doria ertragen. Wenn wir Genua retten wollen, Freunde, wird keine Zeit zu verlieren sein. Alles zu retten, muss alles gewagt werden. Wollen Sie folgen? Ich bin bereit, Sie zu führen, die Tyrannen zu stürzen. Das

Unternehmen ist gerecht, denn Genua leidet.« Alle lassen sich von Fieskos Feuer mitreißen, zumal er ihnen die Mordpläne des Gianettino aufdeckt. Doch gerade als die revolutionäre Begeisterung ihren Höhepunkt erreicht, trifft durch Calcagno die Nachricht ein, dass der Mohr Fieskos Pläne an den alten Doria verraten hat. Die Konfusion ist gewaltig und wird noch gesteigert, als der alte Doge Fiesko den gefesselten Mohren mit einer Botschaft zurückschickt: »Dieser Mohr warnt mich vor einem Komplott – ich sende ihn hier gebunden zurück und werde heute Nacht ohne Leibwache schlafen.« Fiesko ist kurz davor aufzugeben und zusammenzubrechen, doch der Elan Verrinas und die Dynamik der Ereignisse richten ihn auf und von diesem Punkt an gibt es kein Zurück mehr.

Fieskos kalte Entschlossenheit bekommt zunächst die Gräfin Imperiali zu spüren. Er verführt sie dazu, sich ihm ganz zu öffnen. Mit äußerster Berechnung kitzelt er ihre intimsten Gefühle aus ihr heraus. Sie fällt ihm fast besinnungslos zu Füßen und bekennt leidenschaftlich: »Ich bete dich an, Fiesko.« Er weicht zurück, lacht triumphierend und führt seine Frau herein, die die ganze Szene mit angesehen hat: »Hier ist meine Gemahlin – ein göttliches Weib!« Leonore ist durch diesen Liebesbeweis gerührt, aber auch verstört. Wer ist dieser eiskalte Stratege, der eine Frau

mit solcher Rücksichtslosigkeit und Härte demütigt? Und wozu? Fiesko gesteht ihr, dass er Herzog von Genua werden will, eine Nachricht, die Leonore entsetzt. Sie ahnt das kommende Unheil: »Ich sehe meinen Gemahl an tiefen tödlichen Wunden zu Boden fallen.« Im Gegensatz zu ihrem Mann fürchtet sie auch den deformierenden Einfluss, den die Macht auf ihn ausüben wird: »Herrschsucht zertrümmert die Welt in ein rasselndes Kettenhaus, Liebe träumt sich in jeder Wüste Elysium. Lass uns fliehen, Fiesko, lass ganz der Liebe uns leben!« Fiesko lässt sich jedoch nicht mehr von seinen Plänen abbringen: »Die Brücken hinter mir sind alle abgebrochen. Lebe wohl! Ewig – oder Genua liegt morgen zu deinen Füßen.«
Unaufhaltsam nimmt die Tragödie nun ihren Lauf, Blut wird reichlich vergossen. In den Straßen wird erbittert gefochten und geraubt, der Mohr zieht brandschatzend durch Genua. Fiesko stürmt den Palast der Doria und vertreibt den alten Dogen Andreas, der jedoch, geführt von seiner Leibwache, im Schutz der Dunkelheit fliehen kann. Sein Neffe Gianettino entkommt der gerechten Bestrafung allerdings nicht. Bourgognino stellt ihn auf der Flucht und ersticht den Vergewaltiger seiner Braut. Einen raschen Tod findet auch der Mohr, der von Fieskos Männern an einem Laternenpfahl aufgeknüpft wird.

Unterdessen durchstreift Leonore auf der Suche nach Fiesko ruhelos die Stadt. Sie hat sich den Mantel des toten Gianettino übergeworfen, um nicht als Frau aufzufallen. Doch ebendiese Verkleidung bringt ihr den Tod. Fiesko glaubt in ihr den verhassten Gegenspieler zu sehen und durchbohrt seine eigene Frau. Als er seinen Irrtum erkennt, ist Fiesko zunächst völlig betäubt. Doch wie sehr die Gier nach Macht einen Menschen prägen kann, hatte Leonore bereits gefühlt. Um dem grauenvollen Tod seiner Frau einen Sinn zu verleihen, deutet Fiesko das tragische Ereignis für sich selbst als einen Wink der Vorsehung, als eine Ermutigung, die Macht und Herrschaft in Genua an sich zu reißen: »Ich will Genua einen Fürsten schenken, wie ihn noch kein Europäer sah.« Der Ehrgeiz frisst Fieskos Trauer und Liebe rasch auf, und als er sich den purpurnen Herzogsmantel um die Schultern legen lässt, scheint er die Frau, die ihn so sehr geliebt hat, schon vergessen zu haben.
Dass die Herrschsucht ihn bereits fest in ihren kalten Händen hält, zeigt sich in der letzten Auseinandersetzung mit Verrina. Fieskos Sieg in Genua ist vollständig und im Glanz seiner neuen Würde tritt er Verrina entgegen. Der alte Republikaner weigert sich jedoch, dem neuen Herzog zu huldigen. Ein letztes Mal fleht er Fiesko an, die Herzogswürde abzulegen, er kniet sogar vor

ihm, ja, der alte Kriegsmann weint und beschwört den Freund, den blutbefleckten Purpur abzulegen. Doch der machtverliebte Herzog lässt sich von diesen Bitten nicht rühren. Er ist vielmehr verärgert über Verrinas Starrköpfigkeit: »Steh auf und reize mich nicht mehr!« Damit hat Fiesko sein Todesurteil gesprochen. Als die beiden Männer eine Galeere im Hafen betreten wollen, stürzt Verrina Fiesko ins Meer. Sein schweres Panzerhemd zieht ihn sofort in die Tiefe.

Spickzettel »Die Verschwörung des Fiesko zu Genua«
Gattung: Drama (Tragödie)
Entstehungsdatum: 1782
Gedankengut der literarischen Epoche: Sturm und Drang
Ort der Handlung: Genua (Italien)
Zeitpunkt der Handlung: 1547
Themenbereiche/Ansatzpunkte zur Interpretation:

- Machtgier des Menschen → Untergang des Humanen (am Beispiel Fieskos)
- Thema des Widerstandes gegen tyrannische Willkür und ungerechte Herrschaft, Sieg derselben
- Freiheitsliebe (am Beispiel Verinnas) und Idealismus (Bourgognino)
- Kampf um politische Freiheit
- Aufzeigen der Verbindung von Politik und dem Durchsetzen privater Interessen

Kabale und Liebe

Vor den Vätern sterben die Söhne, manchmal auch die Töchter. Luise Miller, die Tochter des Stadtmusikers Miller, ist glücklich und unglücklich zugleich. Sie liebt den adligen Ferdinand von Walther, den Sohn des machtlüsternen Präsidenten von Walther. Ihre Liebe ist groß und stark, aber auch ohne Hoffnung auf irdische Befriedigung. Vielmehr vertagt Luise die Erfüllung ihrer Liebe auf ein himmlisches Jenseits, das keine Standesunterschiede mehr kennt, und akzeptiert so die alte Ordnung der Väter: »Ich entsag ihm für dieses Leben. Wenn aber Gott kommt, werden die Herzen im Preise steigen und die verhassten Hüllen des Standes abspringen!«
Ferdinand jedoch will diese Regeln und Gesetze bereits jetzt nicht mehr gelten lassen. Über alle gesellschaftlichen Schranken hinweg will er das bürgerliche Mädchen heiraten, gegen den Willen seines Vaters, aber auch gegen den Willen des Stadtmusikers Miller, der nicht glauben kann, dass Ferdinands Absichten mehr sind als die Laune eines gelangweilten Adligen. Im Gegensatz zu seiner naiven Frau, die sich nach Lu-

xus und gesellschaftlichem Aufstieg sehnt, sieht Miller nur das kommende Unheil.
Die ersten dunklen Wolken ziehen sich über den Liebenden zusammen, als der Sekretär Wurm dem Präsidenten meldet, dass sein Sohn ein bürgerliches Mädchen liebt.
Wurms Name ist Ausdruck seines Charakters: Er ist ein verschlagener, karrieristischer Höfling, ein hässliches Männlein, das vergeblich um Luises Hand wirbt. Darum unternimmt er alles, um Ferdinand und Luise auseinanderzubringen. Der Präsident hält Wurms Nachricht allerdings für einen schlechten Scherz. Er hat andere Pläne mit seinem Sohn: Ferdinand soll Lady Milford, die Mätresse des Herzogs, heiraten, um so die Machtposition des Vaters zu festigen. Denn obwohl der Herzog aus politischen Gründen eine andere Ehe eingeht, wird seine Geliebte weiterhin großen Einfluss auf ihn ausüben. Angetrieben von den Einflüsterungen seines Sekretärs Wurm lässt der Präsident durch den hohlköpfigen Hofmarschall von Kalb überall verbreiten, dass sein Sohn schon bald die Lady heiraten wird. Dann befiehlt er seinen Sohn zu sich, um Wurms Informationen zu prüfen. Zornig erinnert er ihn daran, dass er seine Karriere nur für ihn gemacht habe und dass dabei auch Blut geflossen sei. Von den Verbrechen und Plänen des Vaters will Fer-

dinand nichts wissen: »Meine Begriffe von Größe und Glück sind nicht die Ihrigen. Mein Ideal von Glück zieht sich genügsamer in mich selbst zurück. In meinem Herzen liegen alle meine Wünsche begraben.« Für den Präsidenten ist das Gefühlsgefasel. Herrisch entscheidet er: »Du wirst dich noch heute entschließen, Lady Milford zur Frau zu nehmen.« Fassungslos weicht Ferdinand zurück. Er soll die Herzogshure heiraten? Seine Ehre wegwerfen? Luise zurücklassen, sie betrügen und all seine Versprechen brechen? Niemals! Er weigert sich, er hält, blass vor Zorn, dem Toben seines Vaters stand. In seiner Not beschließt er, die Lady aufzusuchen, sie moralisch anzuklagen und sie von der Hochzeit abzubringen.

Zu seiner großen Überraschung findet Ferdinand jedoch eine ganz andere Milford vor als erwartet. Er muss seine Vorurteile korrigieren. Die Milford ist nicht oberflächlich, konsumgierig oder leichtfertig. Als sie ihm ihre Lebensgeschichte anvertraut, fallen all seine Vorwürfe ins Leere. Die Lady stammt aus einer alten englischen Adelsfamilie, deren Mitglieder politisch verfolgt und umgebracht wurden. Als mittellose Waise floh sie dann nach Deutschland und versuchte, sich allein durchzuschlagen. Nicht Abenteuerlust und Sucht nach Luxus, sondern Not war es, die sie an die Seite des Herzogs zwang. Sie wusste, was

Verfolgung und Hunger bedeuten, und linderte die Not im Herzogtum, wo sie nur konnte: »Ich habe Kerker gesprengt – habe Todesurteile zerrissen und manch entsetzliche Ewigkeit auf Galeeren verkürzt.« Dabei erwähnt sie noch nicht einmal, dass sie kurz zuvor ihre kostbaren Juwelen verkauft hat, um notleidenden Familien zu helfen.

Ferdinand fasst Vertrauen zu dieser warmherzigen und edlen Frau und gesteht ihr, dass er liebt: »Ich liebe, Mylady, ein bürgerliches Mädchen, Luise Millerin, eines Musikus Tochter.« Bleich und schockiert wendet sich die Milford ab. Denn ihre Heirat mit Ferdinand ist keine Hofkabale, sie ist ihr eigenes Werk, weil sie Ferdinand liebt. Sie liebt das erste Mal in ihrem Leben und will auf diesen Mann nicht verzichten. Und da bereits alle Welt von ihrer anstehenden Hochzeit mit Ferdinand weiß, kann sie ihn nicht freigeben, wenn sie sich nicht in der Öffentlichkeit lächerlich machen und ihre Ehre verlieren will. Sie wird um ihn kämpfen. Dass dieser Kampf um Liebe zum Untergang der Liebenden führt, ahnt sie düster voraus.

Ferdinand eilt sofort in das Haus des Stadtmusikanten Miller, weil er fürchtet, sein Vater könne ihm schon zuvorgekommen sein. Er ist jetzt zum Äußersten entschlossen und versetzt die Familie Miller mit seinem leidenschaftlichen Zorn in Angst: »Ich will seine Kabalen durchbohren. Frei wie ein Mann will ich wählen, dass diese Insektenseelen am Riesenwerk meiner Liebe hinaufschwindeln.« Da stürmt bereits der Präsident, kochend vor Wut, mit seinem Gefolge heran. Ferdinand weicht im Streit mit dem Vater keinen Zentimeter zurück, die Auseinandersetzung wird immer erregter und auch Miller verteidigt die Ehre seiner Tochter selbstbewusst gegen die Anmaßungen des Präsidenten. Die Situation eskaliert; außer sich vor Zorn ruft der Präsident nach den Gerichtsdienern: »Vater ins Zuchthaus – an den Pranger Mutter und Metze von Tochter! Ein solches Gesindel soll ungestraft Vater und Sohn auseinanderhetzen?« Ferdinand zieht seinen Degen und verwundet einige der heranstürmenden Gegner, schließlich greift sein Vater selbst an, zerrt Luise weg und wirft sie in die Arme der Gerichtsdiener. Als sie aber abgeführt werden soll, droht Ferdinand dem Vater: »Ihr führt sie zum Pranger fort, unterdessen erzähl ich der Residenz eine Geschichte, wie man Präsident wird.« Der Präsident erschrickt, die Öffentlichkeit darf nichts von seinen Verbrechen wissen. Er zieht sich zurück und gibt Luise frei.

Das tödlichste Gift wächst auf den Feldern der Eifersucht und des Misstrauens. Wurm, der kriecherischkluge Kopf, weiß, wie man dieses Gift in bittere Herzen sät und seine tödlichen Früchte erntet, er weiß, wie man die Liebenden gegeneinander aufhetzt. Sein Plan, für den ihm der Präsident freie Hand lässt, lautet so: Um Ferdinands Liebe zu erschüttern, muss man ihn glauben machen, dass Luise einen anderen liebt und ein falsches Spiel mit ihm treibt. Zu diesem Zweck soll Ferdinand ein Liebesbrief von ihr zugespielt werden, der an den vermeintlichen Liebhaber gerichtet ist. Und um Luise dazu zu zwingen, diesen Brief eigenhändig zu schreiben, sollen ihre Eltern festgenommen und mit dem Tode bedroht werden. Der Präsident, ein Intrigant erster Klasse, ist von diesen Kabalen entzückt: »Das Gewebe ist satanisch fein. Der Schüler übertrifft seinen Meister. Nun ist die Frage, mit wem wir sie in Verdacht bringen? Ich weiß nur den Hofmarschall.« So fällt die Wahl auf den albernen Hofmarschall von Kalb, was Wurm mit einem Achselzucken quittiert: »Mein Geschmack wär' er nun freilich nicht, wenn ich Luise Millerin hieße.« Davon lässt sich der Präsident jedoch nicht beeindrucken: »Und warum nicht? So wählerisch ist die Eifersucht nicht.« Lautlos und effektiv gehen die Giftmischer an ihr Werk. Der Präsident zwingt den Hofmarschall, die ihm zugedachte Rolle zu übernehmen, Luises Eltern werden rasch und ohne Aufsehen zu erregen festgenommen und Wurm macht sich auf den Weg, um Luise den besagten Brief zu diktieren. Niemals ließen sich Liebende durch das Gift der Intrige trennen, wenn nicht ohnehin ein feiner Riss durch ihre Welt ginge, wenn nicht auch Schatten das Licht ihrer Liebe verdunkelten. Zwischen Luise und Ferdinand tut sich diese Kluft auf, als Ferdinand ihr seine Liebesreligion erklärt und sie zur Flucht überreden will: »*Du* Luise, und *ich* und die *Liebe!* Liegt nicht in diesem Zirkel der ganze Himmel? Oder brauchst du noch etwas Viertes dazu?«

In diesem Moment, als Ferdinand Luise die Größe seiner Liebe beschreibt, verliert er sie und ihre Wünsche aus den Augen. Sie braucht tatsächlich noch etwas Viertes und etwas Fünftes! Im Gegensatz zu ihm liebt sie ihren Vater und respektiert seine Autorität. Ebenso sehr liebt sie Gott und die durch ihn gesetzte Ordnung. Ferdinands gottlos-glückliche Liebe ist ihr unheimlich und kommt ihr darum wie eine Sünde, wie eine Gotteslästerung vor; ihr Bild von der Welt kommt ohne Gott nicht aus. Sie kann Ferdinand, den sie über alles liebt, nicht gegen ihren Vater und Gott lieben.

Ferdinand macht jetzt einen Fehler, den viele Männer begehen. Er versteht Luises Zerrissensein nicht, er kann sich nicht in sie einfühlen, verkennt ihre Not.

Schlimmer noch, er glaubt ihr nicht und wittert stattdessen einen Rivalen: »Ein Liebhaber fesselt dich, und Weh über dich, wenn mein Verdacht sich bestätigt!« Nun ist der Riss zwischen den Liebenden offenbar, die Einfallstür für Wurms schändlichen Plan steht weit offen.
Kaum ist Ferdinand aufgebracht aus dem Haus gerannt, da erscheint Wurm, um Luise den Brief abzupressen. Obwohl sie ahnt, dass der Brief Teil eines heimtückischen Komplotts ist, obwohl ihr der Inhalt das Herz zerreißt, schreibt sie den Liebesbrief an Hofmarschall von Kalb, den sie nie in ihrem Leben gesehen hat. Die Angst um das Leben ihres Vaters macht sie erpressbar und Wurm hat leichtes Spiel, den falschen Beweis ihrer Untreue und ihren Schwur zu bekommen, niemals etwas zu verraten.

Wer verblendet ist und den Tod mit aller Macht sucht, wird die rettende Tür zum Leben nicht finden. Auch wenn sie sich weit öffnet. Ferdinand sieht kein Zurück mehr. Er hat den Liebesbrief Luises gefunden und will sich am Hofmarschall rächen. Rasend vor Eifersucht stellt er von Kalb zur Rede und fordert ihn zum Duell. Den Hofmarschall ergreift Todesangst und er verrät stammelnd die Intrige: »Es ist ja alles nichts. Sie sind ja betrogen. Sie rasen, Sie hören nicht.

Ich sah sie nie. Ich kenne sie nicht.« Doch Ferdinand hat kein Ohr für dieses Geständnis, er hat sich in die Idee des tragischen Untergangs verrannt, ja regelrecht verliebt: »Richter der Welt! Das Mädchen ist mein! Ich einst ihr Gott, jetzt ihr Teufel. Die Vermählung ist fürchterlich – aber ewig!«
Zum Äußersten ist auch Lady Milford entschlossen. Sie hat Luise zu sich bestellt, um sie von Ferdinand zu trennen, um gegen sie zu kämpfen – aber auch aus Neugier: Was ist das nur für ein Mädchen, das Ferdinand von Walther zu so glühender Liebe hingerissen hat? Doch statt eines verschüchterten und naiven Bürgermädchens tritt der Milford eine selbstbewusste Frau entgegen, die sich – obwohl sie erst sechzehn Jahre alt ist – weder durch Drohungen noch durch Verlockungen von ihrem Weg abbringen lässt. Diese Festigkeit erzürnt die Lady noch mehr: »Ich kann nicht mit ihm glücklich werden – aber du sollst es auch nicht. Wisse das, Elende! Seligkeit zerstören ist auch Seligkeit.« Luise antwortet voller Gewissheit: »Sie sind nicht fähig, das auszuüben, was Sie so drohend auf mich herabschwören. Sie sind nicht fähig, ein Geschöpf zu quälen, das Ihnen nichts zuleide getan, als dass es empfunden hat wie Sie.«
Die Lady unternimmt einen letzten Versuch und bietet ihrer Rivalin Geld und Schmuck: »Dein sei alles,

aber entsag ihm!« Luise kann dieses Angebot nicht mehr beeindrucken. Sie hat Ferdinand schon aufgegeben, da sie ihn, ohne zu sündigen, ohne gegen die Ordnung ihrer Väter zu verstoßen, nicht lieben und mit ihm leben kann. Sie rennt davon, ebenso fest wie Ferdinand dazu entschlossen, den Tod zu suchen.

Die Auseinandersetzung mit Luise hat die Lady erschüttert und ihr dennoch Mut gemacht. Die Adlige nimmt sich das bürgerliche Mädchen zum Vorbild und löst sich von dem Herzog und ihrer gesamten bisherigen Existenz: »Auch ich habe Kraft zu entsagen.« Sie verteilt ihre Reichtümer an die Dienerschaft und flieht, um ein einfacheres Leben zu beginnen.

Es ist Abend geworden, es dunkelt und schon umschleicht der Tod das Haus des Stadtmusikanten Miller. Luise sitzt im finstersten Winkel des Zimmers, als ihr Vater hereinkommt. Man hat ihn aus der Haft entlassen. Als er seine Tochter entdeckt, nimmt er an ihr eine geradezu furchtbare Heiterkeit, eine unheimliche Gelassenheit wahr: »Höre, Tochter! Ich wollte, du heultest. Du gefielst mir so besser.« Luise macht dunkle Andeutungen, spricht von *Ewigkeit* und *Verwesung*. Endlich gesteht Luise ihm, dass sie sich umbringen will. Miller erstarrt . . . zittert . . . sucht nach Worten: »Selbstmord ist die abscheulichste Sünde, mein Kind.« Doch Luise scheint sich nicht umstim-

men zu lassen. Miller fleht, bittet, droht und ruft ihr weinend zu: »Hier ist ein Messer – durchstich dein Herz und das Vaterherz!« Der Anblick ihres weinenden Vaters überwältigt Luise. Sie schwört dem Selbstmord ab und wirft sich in die Arme Millers, der ihr versprechen muss, so schnell wie möglich aus der unglückseligen Stadt fortzuziehen.
Miller hat kaum ausgesprochen, als Ferdinand eintritt. Schreiend fällt Luise dem Vater um den Hals. Was will Ferdinand noch? Ist nicht alles verloren? Er will Gewissheit. Ist Luise wirklich eine eiskalte Betrügerin? Er bedrängt sie, wirft ihr den erpressten Brief hin und fragt, ob sie den Brief an den Marschall geschrieben habe. Er achtet nicht auf die Untertöne in Luises Sätzen, er hört ihre Seufzer nicht, er hat kein Auge für ihre furchtbare Bedrückung. Der Schwur verdeckt die rettende Wahrheit. Als Luise zugibt, dass der Brief tatsächlich aus ihrer Hand stammt, hat sie ihr Todesurteil unterschrieben. Für Ferdinand steht ihre Schuld fest. Er sieht nur seinen Schmerz, er will Rache und die Schande auslöschen.
Freundlich bittet er Luise, ihm eine Limonade zu holen.
Sie tut es. In einem unbemerkten Augenblick schüttet er Gift in das Glas. Zuerst trinkt er selbst, dann reicht er Luise das tödliche Getränk: »Versuche!« Sie nimmt

unwillig, aber gehorcht. Nun bleiben den Liebenden nur noch wenige Minuten. Das Gift öffnet dem Tod die Tür, er steht bereits im Zimmer. Als Luise übel wird, gesteht ihr Ferdinand, dass er die Limonade vergiftet hat. Erst jetzt, Luise sieht ihren Tod nun klar und deutlich, wagt sie zu sprechen: »Ich sterbe unschuldig, Ferdinand. Meine Hand schrieb, was mein Herz verdammte – dein Vater hat ihn diktiert.« Sie fällt und stirbt. Ferdinand wirft sich erschüttert zu Boden, erkennt seine Schuld: »Gnade! Gnade dem verruchtesten Mörder!« Voll Todessehnsucht leert er das Glas.

Bevor auch ihn der Tod entführt, konfrontiert ihn das Leben jedoch noch einmal mit seinem Vater, der mit Wurm und Miller voller Angst ins Zimmer stürzt. Mit letzter Kraft schleudert der Sohn dem Vater seine Anklage entgegen: »Ich habe einen Mord begangen, einen Mord, den du mir nicht zumuten wirst, allein vor den Richter der Welt hinzuschleppen.« Der Präsident leugnet und will seine Schuld auf Wurm abwälzen, doch der sieht sich nur als Werkzeug und klagt seinen Herrn an: »Auf! Auf! Ruft Mord! Weckt die Justiz! Arm in Arm mit dir zum Blutgerüst! Arm in Arm mit dir zur Hölle.« Wurm wird festgenommen. Ehe man auch den Präsidenten abführt, wirft er sich dem Sohn zu Füßen. Sterbend reicht ihm Ferdinand

die Hand, ein Wort kommt nicht mehr über seine Lippen. Der Präsident erhebt sich: »Er vergab mir! Jetzt euer Gefangener!«
Vor den Vätern sterben die Söhne, manchmal auch die Töchter. Miller starrt auf sein kaltes Kind.

Spickzettel »Kabale und Liebe«
Gattung: Drama (bürgerliches Trauerspiel)
Entstehungsdatum: 1783
Gedankengut der literarischen Epoche: Sturm und Drang
Ort der Handlung: höfisches und bürgerliches Umfeld
Zeitpunkt der Handlung: nicht genau festgelegt/spiegelt die Zeit Schillers
Themenbereiche/Ansatzpunkte zur Interpretation:

- Standesproblematik
- Konflikt zwischen persönlichem Glück und Akzeptanz bestehender Ordnungen (gesellschaftliche Ordnungen, göttliche Ordnung)
- Ehre/Schande/Wiederherstellung von Ehre → Zerstörung menschlichen Glücks/Sinnlosigkeit gesellschaftlicher Rituale (z. B. Duell)
- Macht und Machtmissbrauch
- Gedanken des Idealismus; Streben nach Humanität (sichtbar an der geläuterten Lady Milford, die ihre bisherige Existenz hinter sich lässt)
- Verhältnis von Bürgertum und Adel

Don Karlos

Politik frisst Liebe, Liebe Politik. Wer siegt? Die Liebenden oder die Politiker? Wer sich nicht entscheidet, wer zwischen Politik und Liebe herumirrt, hat keine Chance, mit dem Glück davonzukommen. Oder mit dem Leben.

Diese Geschichte hat sich vor langer Zeit in Spanien zugetragen, am Hofe König Philipps II., der sein riesiges Reich mit harter, unnachgiebiger Hand regiert. Wer sich unter seiner Herrschaft nicht zum katholischen Glauben bekennt, wird grausam verfolgt. Oft brennen die Scheiterhaufen in Madrid. Dieser König wird gefürchtet, aber nicht geliebt.

Auch Philipps Sohn, der Kronprinz Don Karlos, liebt diesen König nicht. Als Vater hat er ihn nie erlebt, denn Gefühle durften in den kalten Staatsgeschäften keine Rolle spielen. Doch dass Karlos vor dem König flieht, rätselhaft schweigt und mit trauriger Miene den Hof meidet, ist neu. Selbst Domingo, dem Beichtvater des Königs, zeigt er die kalte Schulter, sosehr sich der Priester auch müht, den Grund für den Kummer des Thronfolgers herauszufinden.

Nur dem geliebten Jugendfreund Marquis von Posa wagt Karlos, sich anzuvertrauen. Viele Jahre, in denen der Marquis ruhelos Europa bereiste, haben sich die Freunde nicht gesehen. Bei aller Wiedersehensfreude ist Posa enttäuscht, Karlos so matt und an politischen Dingen vollkommen desinteressiert zu finden. Das Schicksal der flandrischen Provinzen, die wegen ihres protestantischen Glaubens von Philipp blutig unterdrückt werden, scheint ihn kaltzulassen. Früher war Karlos ein Idealist, ein glühender Kämpfer für die Freiheit, jetzt scheint er in Selbstmitleid zu ertrinken. Der Ton des Freundes ist deshalb vorwurfsvoll: »Auf dir ruht die letzte Hoffnung dieses edlen Landes. Sie ist vergebens, wenn dein Herz vergessen hat, für die Menschlichkeit zu schlagen.« Nun öffnet sich Karlos dem Freund: »Ein entsetzliches Geheimnis brennt auf meiner Brust. Es soll heraus. Ich liebe meine Mutter.« Der Marquis ist entsetzt, obwohl er den Hintergrund dieser unglücklichen Verbindung kennt. Die junge Königin Elisabeth von Valois war zunächst Karlos versprochen, die Hochzeit schon beschlossene Sache. Doch dann fand Philipp Gefallen an Elisabeth, heiratete sie und raubte dem Sohn die Liebe seines Lebens. So wurde die Geliebte für Karlos plötzlich zur Stiefmutter und die Liebe zu ihr galt fortan als ein Verbrechen, das er vor dem Vater und dem Hof verbergen musste.

Der Marquis verspricht dem Freund, ein heimliches Treffen zwischen ihm und der Königin zu arrangieren, ein Vorhaben, das wegen der strengen Umgangsformen am Hof ebenso schwierig wie gefährlich ist. Gelingen kann es nur in Aranjuez, dem abgeschiedenen Landsitz der Königin.
Tatsächlich schafft es Posa, die beiden ohne Zeugen zusammenzuführen. Karlos gesteht der Königin seine Liebe und erhebt Anspruch auf sie, auch wenn er sie nur durch eine Revolution gegen den Vater und die Gesetze des Staates gewinnen könne. Doch Elisabeth hält von diesen romantischen Plänen wenig. Sie erinnert Karlos vielmehr an seine Pflichten als Thronerbe: »Elisabeth war Ihre erste Liebe. Ihre zweite sei Spanien!« Karlos hat kaum Zeit zu versprechen, ihre Wünsche zu befolgen, denn schon naht der König mit seinem Gefolge.
Als der König seine Gemahlin von ihren Hofdamen allein gelassen vorfindet, ein unerhörter Vorgang am streng reglementierten spanischen Hof, reagiert er unerbittlich: Er verbannt die Marquise von Mondecar, eine enge Vertraute der Königin, für zehn Jahre vom Hof. Obwohl sich der König hier als machtbewusster und harter Herrscher zeigt, bestürzt ihn die Betroffenheit der Königin, die er schätzt und ehrt: »Hier ist die Stelle, wo ich sterblich bin.« Misstrau-

isch macht ihn indessen, dass sein Sohn wieder einmal unter den Großen seines Hofes fehlt: »Der Knabe Don Karlos fängt an, mir fürchterlich zu werden.« Daher empfiehlt er dem skrupellosen Herzog von Alba, seinem ersten Mann am Hofe und wichtigsten Feldherrn, gegen Karlos besonders wachsam zu sein. Wie grausam Philipp herrscht, zeigt sein letzter Befehl, bevor er sich wieder zurückzieht. Er ordnet für den nächsten Tag zahllose Hinrichtungen an: »Dies Blutgericht soll ohne Beispiel sein.«

Gegen diese Welt der blutigen Unterdrückung und des Zwangs wollen Karlos und Marquis Posa mit ihrem Freundschaftsbund aufbegehren. Karlos kehrt zu seinen politischen Ambitionen zurück: »Flandern sei gerettet. Sie will es – das ist mir genug.« Begeistert von ihren idealistischen Zukunftsprojekten zum Wohle der Menschheit schwören die Freunde einander ewige Treue und Karlos ruft begeistert aus: »Ich fürchte nichts mehr – Arm in Arm mit dir, so fordre ich mein Jahrhundert in die Schranken.«

Doch wie weit reicht Karlos' Mut? Wird er seine politischen Ziele nicht schon bald wieder der Liebe opfern? Ist er den höfischen Machtspielen gewachsen und wird er den Vater dazu bewegen können, ihm mehr Verantwortung und den Befehl über das flandrische Besatzungsheer zu übertragen? Zumindest eines seiner Ziele erzwingt der Prinz: Der König empfängt ihn allein. Obwohl er die Unterredung mit seinem Sohn lieber in Gegenwart des Herzogs von Alba geführt hätte, schickt er diesen hinaus. Kaum hat Alba das Zimmer missmutig verlassen, da wirft sich Karlos seinem Vater vor die Füße: »Warum von Ihrem Herzen verstoßen, Vater?« Philipp ist diese intime Sprache unheimlich und fremd, denn längst hat er selbst die familiären Bande seiner argwöhnischen Politik unterworfen. Er stößt Karlos zurück, doch der drängt sich wieder heran: »Jetzt oder nie – Versöhnung, Vater!« Die Reaktion fällt beinahe angewidert aus: »Weg aus meinen Augen!« Karlos bleibt hartnäckig: »Ich will Sie kindlich, will Sie feurig lieben, nur hassen Sie mich nicht mehr!«

Der König ist zwar gerührt, aber er versteckt seine Gefühle hinter einer Maske professioneller Skepsis. Dennoch wagt sich Karlos jetzt mit seinem eigentlichen Anliegen vor. Er fordert den Oberbefehl über das Heer, das die Aufstände in Flandern niederschlagen soll. Der König schreckt zurück. Kann so ein naiver Jüngling diese schwere Aufgabe übernehmen? Nein! Auf diesen Posten gehört Herzog Alba, der allgemein den Ruf eines Bluthundes und Henkers genießt. Und verfolgt Karlos nicht seine eigenen Interessen, die gegen den Vater und den König gerichtet sind? Philipp sieht seinen Sohn durchdringend an: »Mein bestes Kriegsheer deiner Herrschbegierde? Das Messer meinem Mörder?« Blutgeruch liegt in der Luft. Karlos wird blass, wiederholt aber seine Forderung: »Wenn Sie mich retten wollen – schicken Sie mich ungesäumt nach Flandern.« Der König lehnt ab: »Du bleibst, der Herzog geht nach Flandern.« Mit Tränen in den Augen verlässt Karlos den Vater.

Obwohl der König dem Drängen seines Sohnes nicht nachgegeben hat, ist sein Herz nicht unberührt geblieben, denn sein Misstrauen richtet sich letztlich gegen jeden seiner Untertanen. Verfolgen die kalten Höflinge Alba oder Domingo nicht nur egoistische Interessen? Ist der eigene Sohn nicht vielleicht doch vertrauenswürdiger als diese Fremden? Dem erstaunten Alba erklärt Philipp, dass Karlos dem Thron fortan näher steht als bisher.

Liebe macht bekanntlich blind und wer liebt, verfällt schnell dem Irrtum. Als Karlos einen anonymen Liebesbrief erhält, der ihn zu einem heimlichen Rendezvous in die Gemächer der Königin bittet, glaubt er sich endlich am Ziel seiner Wünsche. Elisabeth, so nimmt er an, hat ihn erhört: »Ich bin geliebt – sie liebt mich!« Spurlos verschwunden ist sein politischer

Ehrgeiz, seine Niederlage gegen Alba ist vergessen, ebenso die Zurückweisung durch den Vater.
So stürzt Karlos mit klopfendem Herzen dem heimlichen Treffpunkt entgegen, den Kopf voll süßer Träume. Er kennt keine Vorsicht, keinen Argwohn mehr. Doch das Erwachen ist böse, als er sich plötzlich im Gemach der Prinzessin Eboli wiederfindet: »Gott! Wo bin ich? Ich habe das rechte Kabinett verfehlt.«
Dass er sich nicht im Zimmer, sondern in der Frau getäuscht hat, kommt Karlos nicht in den Sinn.
Tatsächlich ist die Eboli die Absenderin des Liebesbriefes; sie liebt ihn, sie hat ihn bestellt. So stehen sich zwei Liebende gegenüber, im Irrtum gefangen und doch im Irrtum vereint, und reden aneinander vorbei. Während sie glauben, einander näher zu kommen, entfernen sie sich immer weiter voneinander. Karlos ist betört von dieser scheinbar so einfühlsamen Frau und glaubt, in ihr eine Freundin und Verbündete im Kampf um Elisabeth entdeckt zu haben. Er gesteht: »Dir Mädchen öffne ich mich, nur dir. Ich leugne es nicht, ich liebe!« Erst an ihrer Reaktion erkennt Karlos, dass *sie* den Brief an ihn geschrieben hat, *sie* liebt ihn. Beide sind bestürzt, beide haben sich entblößt und sich Dinge gestanden, die besser ungesagt geblieben wären.
Eine dramatische Kettenreaktion beginnt. Die Eboli

ist als zurückgestoßene Liebende unendlich verletzt, sie will Rache. Sie weiß nun, dass der Prinz nicht sie, sondern seine Stiefmutter liebt. Allerdings hat sie selbst ein Geheimnis preisgegeben: Der König verehrt sie und überhäuft sie mit leidenschaftlichen Anträgen. Karlos triumphiert, denn dieser untreue Ehemann darf keinen Anspruch mehr auf Elisabeth erheben.

Während Karlos voll neuer Liebeshoffnungen davoneilt, sucht die Eboli das Bündnis mit Alba und Domingo, um die Königin zu verklagen. Sie weiß, dass diese berechnenden Machtmenschen keine Freunde des Prinzen sind. Sie fürchten die aufklärerischen Ideen des Thronfolgers, sie fürchten seine Sympathie für die Menschenrechte, sein Engagement für die politische Freiheit. Was soll aus ihrer Position und ihrem Einfluss am Hof werden, wenn ein unberechenbarer Idealist wie Karlos den Thron besteigt? Auch die Königin scheint ihnen politisch unzuverlässig und eine Anhängerin der neuen Ideen zu sein. Mithilfe der Eboli wollen sie Elisabeth beim König als Ehebrecherin verraten, Karlos als Liebhaber denunzieren und so mit einem Schlage zwei Konkurrenten ausschalten.

Posa ist bestürzt, als ihm Karlos das Erlebnis mit der Prinzessin erzählt. Er erkennt sofort, dass die Eboli durch die erlittene Kränkung zu einer gefährlichen

Gegnerin geworden ist. Er beschwört Karlos, mit seinen allzu liebesblinden Augen nicht die gewaltsame Unterdrückung Flanderns zu übersehen: »Keine Träne dem ungeheuren Schicksal der Provinzen, wie arm bist du geworden, seitdem du niemand liebst als dich! Das Leiden der Menschheit drängt. Hörst du? Erinnere dich an Flandern!« Sie umarmen sich innig, Karlos verspricht, den Zielen des Freundes zu folgen.

Es ist Nacht geworden. Der Palast schläft, nur der König wacht einsam, gequält von bohrenden Fragen. Hat die Eboli wirklich die Wahrheit gesagt? Hat ihn die Königin tatsächlich betrogen? Mit dem eigenen Sohn? Philipp schüttelt diese vergiftenden Gedanken ab, aber im Schutz der Finsternis seines Herzens, die keinen Freund und keine Zuversicht kennt, schleichen sie sich wieder heran, bedrängender und qualvoller als zuvor.

Der König sucht Rat und lässt den Herzog von Alba rufen. Philipp ist jedoch erfahren genug, um rasch zu merken, dass er von diesem Höfling, der nur eigene Interessen verfolgt und ein Feind seines Sohnes ist, keine Lösung des Problems erwarten darf. Obwohl der Herzog sich verstellt und Verständnis für Karlos' Situation heuchelt, erkennt Philipp die eigennützigen Motive seines Ratgebers. Die gleiche Erfahrung macht er mit Domingo, den er gleich darauf kommen lässt. Der aalglatte Priester streut neues Salz in seine Wunden und flüstert ihm das Gerücht zu, dass die Tochter des Königs ein unehelicher Bastard sei, gezeugt von einem anderen. Von diesen raffinierten Machtspielern ist keine Hilfe und kein Trost zu erwarten. Der König sehnt sich dagegen nach einem Menschen, der keine Maske trägt, der frei und unverstellt spricht, ohne Angst, einen strategischen Fehler zu machen: »Jetzt gib mir einen Menschen, gute Vorsicht. Ich brauche Wahrheit. Ich bitte dich um einen Freund, denn ich bin nicht allwissend.«

Er durchwühlt alte Listen und Akten und stößt dabei auf den Marquis von Posa, der sich große Verdienste um die Krone erworben hat und dennoch nie seine Nähe suchte: »Bei Gott! Im ganzen Umkreis meiner Staaten der einzige Mensch, der meiner nicht bedarf! Besäß' er Habsucht oder Ehrbegierde, er wäre längst vor meinem Thron erschienen. Wag ich's mit diesem Sonderling?« Er wagt es und lässt den Marquis von Posa eilig zu sich rufen.

Stolz und ohne Anzeichen von Verwirrung tritt der Marquis vor den König, der ihn forschend betrachtet. Philipp tastet ihn mit Fragen ab: »Warum seid Ihr nie in meinen Dienst getreten?« Posa weicht zunächst aus, gesteht dann jedoch ganz offen und selbstbewusst: »Ich kann nicht Fürstendiener sein.« Der König ist erstaunt, das hat ihm noch nie jemand ins Gesicht zu sagen gewagt. Er wiederholt seine Frage, Posa antwortet erneut: »Ich kann kein Fürstendiener sein.« Philipp argwöhnt: »Ihr seid ein Protestant.« Das verneint Posa: »Ich werde missverstanden.« Er zeigt sich dem König als politischer Visionär, der zwar von einer besseren Zukunft träumt und sich bereits heute für sie einsetzt, zur Lösung der gegenwärtigen Probleme aber Gewalt ablehnt: »Das Jahrhundert ist meinem Ideal nicht reif. Ich lebe ein Bürger derer, welche kommen werden.«

Posa lässt sich von seiner Rede und seinem Pathos hinreißen und scheut nicht davor zurück, dem König dessen Einsamkeit und Isolation deutlich zu machen: »Sie blieben Mensch, sie leiden, sie begehren. Sie brauchen Mitgefühl.« Philipp ist erschüttert: »Bei Gott, er greift in meine Seele!« Der Marquis spürt die Wirkung seiner Worte und so wagt er das Äußerste, er ergreift Partei für die aufständische Provinz Flandern: »Da stieß ich auf verbrannte menschliche Gebeine. Sie wollen pflanzen für die Ewigkeit, und säen Tod? Sanftere Jahrhunderte verdrängen Philipps Zeiten.«

Jeder andere würde für diese Worte mit dem Tod bestraft, doch der König lässt Posa reden und der Marquis reizt die ihm eingeräumten Freiräume bis an die

Grenze offener Rebellion aus: »Geben Sie die unnatürliche Vergötterung auf, die uns vernichtet. Werden Sie uns Muster des Ewigen und Wahren. Ein Federzug von dieser Hand, und neu erschaffen wird die Erde. Geben Sie Gedankenfreiheit.«

Philipp ist ergriffen, bewegt, aber sein versteinertes politisches Weltbild kann der Marquis nicht erschüttern. Er droht ihm sogar mit der Inquisition, obschon er Posa zubilligt, der Mensch zu bleiben, der er ist. Nichtsdestotrotz zwingt er den Marquis, in seinen Dienst einzutreten, und überträgt ihm die Aufgabe, die Königin und Karlos auszuspionieren. Er stattet Posa mit weitreichenden Vollmachten aus und ordnet an, dass er künftig immer unangemeldet vorgelassen werden solle. Wie wird Posa seine neue Machtfülle nutzen? Wird der feurige Idealist und Visionär politisch überlegt handeln? Oder steigt ihm die herausragende Stellung im Zentrum der absoluten Gewalt zu Kopf?

Das Spiel des Marquis ist ohne Frage sehr gewagt. Er weiht die Königin in seine Pläne ein, um sie als seine Mitspielerin zu gewinnen. Der Prinz soll heimlich nach Brüssel gehen und von dort eine Rebellion gegen die spanische Krone anführen, um den König zu bewegen, schonender mit den Provinzen umzugehen. Der blutigen Inquisition soll nötigenfalls durch einen bewaffneten Aufstand Einhalt geboten werden. Die Königin unterstützt diesen kühnen Plan: »Ich bin ganz Ihrer Meinung, Marquis, er muss handeln.« Sie verspricht Posa, den liebenden Prinzen durch ihre Autorität wieder zu seiner politischen Mission zurückzuführen.

Doch so schön, edel und groß Posas Idee auch ist, sie trägt ohne sein Wissen Tod und Untergang in sich. Der Menschenfreund und Aufklärer spielt mit dem Leben des Prinzen wie ein Puppenspieler, der sein Geschöpf an unsichtbaren Fäden lenkt und dirigiert. Er schenkt Posa kein Vertrauen und lässt seine Pläne im Dunkeln. Posa vergisst, dass der Palast tausend Ohren und Augen hat, dass hinter jeder Wand Spione lauern. Er übersieht auch, dass sich Menschen nicht wie willenlose Puppen lenken lassen.

Von Graf Lerma erfährt Karlos, welche herausragende Rolle sein Freund jetzt am Hof des Vaters spielt und welche Machtfülle ihm der König verliehen hat. Deshalb begegnet Karlos Posa misstrauisch und furchtsam, als sie sich wiedersehen. Der Marquis spielt die Begegnung mit Philipp herunter, leugnet seinen gewachsenen Einfluss und verschweigt seine hochgesteckten Ziele. Er übergibt dem Prinzen zwar den Brief der Königin, im Gegenzug fordert er aber alle privaten Papiere von Karlos, um ihn zu schützen, wie er sagt. Dieses undurchsichtige Verhalten macht den Prinzen noch misstrauischer und trauriger. Sollte er sich in dem Freund getäuscht haben? Hat der König diesen unbestechlichen Mann auf seine Seite gezogen?

Dass ihn der Marquis lediglich schützen und vor der Rache des Königs bewahren will, kann Karlos nicht ahnen. Posa gelingt es unterdessen, Philipp davon zu überzeugen, dass die eifersüchtige Gräfin Eboli zusammen mit Alba und Domingo die Intrige gegen die Königin inszeniert hat und dass zwischen Karlos und Elisabeth keine Liebesbande existieren. Die Stiefmutter und ihr Sohn, so Posa, seien nur durch politische Interessen verbunden, da beiden das Schicksal Flanderns am Herzen liege. Dennoch empfiehlt er dem König strenge Wachsamkeit gegenüber dem unkalkulierbaren Prinzen und lässt sich deshalb vorsorglich einen Befehl für dessen Verhaftung ausstellen. Mit diesem Trick hofft Posa, den Freund gegen jede Gefahr abschirmen und ihn sicher nach Flandern bringen zu können. Diese Vorsichtsmaßnahme sät jedoch neue Irrtümer und führt in neues Unheil.

Der gutwillige Graf Lerma informiert Karlos über die intime Unterredung zwischen dem König und Posa und teilt ihm mit, dass er die privaten Papiere des Prinzen in den Händen des Vaters gesehen habe.

Muss Karlos jetzt nicht an den Verrat des Freundes glauben? Hat er eine Alternative? Resigniert stellt er fest: »Er hat mich lieb gehabt, sehr lieb. Er opferte mich seiner Tugend. Ja! Es ist gewiss! Jetzt hab ich ihn verloren. Jetzt bin ich ganz verlassen!« Plötzlich schreckt Karlos aus seiner Trauer auf. Er muss Elisabeth vor Posa warnen. Er muss auf dem schnellsten Wege zur Königin und der führt unweigerlich über ihre Hofdame, die Prinzessin Eboli.

In seiner Angst hat Karlos vergessen, wie gefährlich es ist, sich der Eboli anzuvertrauen. Er appelliert verzweifelt an ihren Großmut: »Etwas Unerhörtes fordre ich von dir – lass mich mit meiner Mutter sprechen.« Ehe die Eboli etwas erwidern kann, wirft sich der Marquis, begleitet von zwei Offizieren, atemlos zwischen sie und lässt Karlos verhaften: »Im Namen des Monarchen. Der Prinz ist ihr Gefangener.« Karlos erstarrt zu Stein. Er kann nicht glauben, was geschieht. Dass ihn der Marquis lediglich vor sich selbst und der Eboli schützen will, kann er nicht wissen.

Der Marquis sieht sich durch den Fehler des Prinzen vor eine furchtbare Wahl gestellt. Abermals hat Karlos der Eboli seine verbrecherische Liebe zur Stiefmutter offenbart. Wie soll Posa den erneut aufflammenden Verdacht gegen den Prinzen ersticken? Kann er den König noch einmal auf eine falsche Fährte lenken? Er setzt seinen Dolch auf die Brust der Eboli, bereit zuzustoßen. »Sie wollen mich doch nicht ermorden?« Posa antwortet: »Doch das will ich. Noch trat das Gift nicht über diese Lippen.« Er besinnt sich, seine Hand zittert, dann lässt er den Dolch fallen und stürzt davon.

Als der Marquis die Königin trifft, bemerkt sie sofort, dass sich etwas Furchtbares ereignet haben muss: »Was ist? Sie machen mich zittern – alle Ihre Züge wie eines Sterbenden entstellt.« Posa deutet Elisabeth nur an, was er insgeheim beschlossen hat, als er die Eboli nicht tötete. Er will den Verdacht gegen den Prinzen auf sich selbst lenken, sich opfern, um das Leben des Freundes zu retten. Er schreibt einen Brief an Wilhelm von Oranien nach Flandern, in dem er sich selbst bezichtigt, die Königin zu lieben. Posa weiß genau, dass dieser Brief abgefangen und Philipp zugespielt wird. Damit ist sein Todesurteil unterschrieben, Karlos aber gerettet.
Bevor sich der Marquis und Elisabeth für immer trennen, vertraut er ihr noch sein politisches Vermächtnis an, das sie Karlos überbringen soll: »In meines Karlos' Seele schuf ich ein Paradies für Millionen. Er soll als König ein Traumbild wahr machen, das kühne Traumbild eines neuen Staates.« Doch in dieser schweren Ab-

schiedsstunde ist nicht nur die Rede von Politik. Sehr vorsichtig und ängstlich geben sich Posa und Elisabeth zu verstehen, dass noch ein anderes Band als Respekt, Freundschaft oder Sympathie sie aneinanderbindet. Ist es Liebe? Das Wort fällt nicht, doch die Blicke und Gesten sind beredt, die Seufzer und Andeutungen vielsagend. »Marquis! Ist keine Rettung möglich?«, fragt Elisabeth voller Verzweiflung. »Keine«, entgegnet der Marquis düster. Sie fragt dringlicher: »Sie kennen mich zur Hälfte nur – ich habe Mut. Ist keine Rettung möglich?« – »Keine«, wiederholt Posa mit gesenktem Kopf. »Gehen Sie!«, schickt ihn die Königin fort: »Ich schätze keinen Mann mehr.« Posa ahnt, was sie für ihn fühlt, und ruft: »Königin! – O Gott! Das Leben ist doch schön.«

Inzwischen nimmt Posas Brief genau den vorhergesehenen Weg. Der Oberpostmeister Raimond von Taxis überbringt dem König das gefährliche Dokument. Kein Laut dringt aus dem Gemach des Königs, als er den Brief liest. In den Vorzimmern horchen Alba, Domingo und die anderen Granden ängstlich auf einen Laut, eine Nachricht. Ihre Welt ist aus den Fugen, ihre Stellung erschüttert, alles ist ungewiss und Domingo stellt furchtsam fest: »Unsere Zeiten sind vorbei.« Da kommt Graf Lerma leichenblass aus dem Zimmer des Königs und murmelt: »Teuflisch! Das ist teuflisch!« Die Granden fahren auf: »Was? Was denn?« Darauf Lerma fassungslos: »Der König hat geweint.«

Wächst noch Rettung, wo Gefahren wuchern? Posa weiß, dass seine letzte Stunde geschlagen hat. Noch einmal, bevor des Königs Zorn ihn tödlich trifft, will er Karlos sehen, ihm alles sagen, alles aufklären und ihm seine Mission einschärfen. Noch immer sitzt Don Karlos in Haft, von Wachen umstellt, immer noch gelähmt und schockiert durch den Verlust seines Freundes. Er sucht die Schuld für diese Trennung bei sich und glaubt, der Marquis habe ihn seinen strengen Idealen geopfert. Es ist deshalb nicht einfach für Posa, ihn davon zu überzeugen, dass die Verhaftung nur ein Rettungsmanöver war, ein Trick von vielen, mit denen der Marquis seine schützende Hand über Karlos hielt.

Viel Zeit bleibt den Freunden nicht, um Abschied zu nehmen, die gedungenen Mörder des Königs schleichen schon heran. Karlos fleht den Freund ein letztes Mal an, mit ihm vor den Vater zu treten, um Gnade für ihn zu erwirken, damit die Tragödie abgewendet werden kann. Doch der Marquis, der um sein politisches Erbe besorgt ist, beschwört Karlos: »Rette dich für Flandern! Das Königreich ist dein Beruf. Für dich zu sterben, war der meinige.« Kaum hat er zu Ende gesprochen, als ein Schuss fällt. Ein einziger Schuss. Posa wankt, greift sich ans Herz und sinkt tödlich getroffen zu Boden: »Rette dich, rette dich, deine Mutter weiß alles, ich kann nicht mehr.« Karlos umarmt den toten Freund und bleibt wie tot bei ihm liegen.

In diese Stille tritt der König mit seinem Gefolge: »Hier bin ich, dir Freiheit anzukündigen. Komm in die Arme deines Vaters.« Der Prinz wehrt ihn ab: »Dein Geruch ist Mord. Ich kann dich nicht umarmen.« Die Granden sind entrüstet, der König will gehen, doch Karlos hält ihn zurück, schleudert ihm eine zornige Anklage entgegen und verhöhnt ihn triumphierend: »Dass ich gefangen bin, war seiner Freundschaft durchdachtes Werk. Mich zu retten, warf er sich dem Tod entgegen. Ihr Herz und Ihre Freundschaft drangen Sie ihm auf, Ihr Zepter war das Spielwerk seiner Hände; er warf es hin und starb für mich! Sie konnten nichts, als ihn ermorden. Sie waren ihm nicht gleichgültig. Er hätte Sie noch glücklich gemacht. Sein Herz war reich genug. Morden Sie mich auch, wie Sie den Edelsten gemordet. Suchen Sie unter Fremden sich einen Sohn.«

Tief betroffen starren die Granden zu Boden, kein Wort fällt, dem fragenden Blick des Königs weichen alle aus. Plötzlich entsteht ein Tumult, von den Straßen hört man Lärm, ein Offizier eilt herbei und schreit: »Rebellion! Ganz Madrid in Waffen!« Der König erwacht aus seiner dumpfen Betäubung: »Steht mein Thron noch? Bin ich noch König dieses Landes?« Alle Granden stellen sich schützend vor den König und ziehen ihre Schwerter, bereit, ihn gegen jeden Angriff zu verteidigen. Philipp ist außer sich und fällt in eine tiefe Ohnmacht. In diesem kritischen Augenblick reißt Alba die Zügel an sich und beeilt sich, Ruhe und Ordnung in der Stadt wiederherzustellen. Karlos hat an dem allgemeinen Aufruhr keinen Anteil genommen; immer noch steht er starr vor dem Leichnam seines Freundes. Erst eine Nachricht der Königin reißt ihn aus seiner Lethargie: Um Mitternacht soll er sich in ihre Gemächer begeben, um seine Flucht nach Flandern vorzubereiten. Die Königin hat einen abenteuerlichen Plan entworfen, damit Karlos ungehindert zu ihr vordringen kann. Er soll als Gespenst auftreten und in der Gestalt des verstorbenen Karls V. die Wachen täuschen. Doch die Flucht ist misslungen, bevor Karlos sie überhaupt angetreten hat. Alba, der ein weitläufiges Spionagenetz unterhält, bekommt Briefe des verstorbenen Posa in die Hände, aus denen hervorgeht, dass der Prinz noch diese Nacht aus Madrid fliehen soll. Auch dass Posa systematisch den Freiheitskampf der flandrischen Provinzen unterstützte und Truppen sammelte,

kommt nun ans Licht. Alba begibt sich sofort zum König, um ihm seine Entdeckungen mitzuteilen.
Philipp ist noch immer gelähmt und von Posa, zu dem er Vertrauen und Zuneigung gefasst hatte, tief enttäuscht. Wie in Trance sagt er: »Gib diesen Toten mir heraus. Ich muss ihn wiederhaben.« Er kann nicht verwinden, dass der Marquis für seinen Sohn gestorben ist, dass der einzige Mensch, dem er bereit war, sich zu öffnen, sich für einen anderen geopfert hat: »Für einen Knaben stirbt ein Posa nicht. Der Freundschaft arme Flamme füllt eines Posas Herz nicht aus. Das schlug der ganzen Menschheit.«
Nur langsam erwacht Philipps eiserner Machtwille. Als er von Posas weitläufigen Plänen und der Flucht seines Sohnes hört, rafft er sich auf und lässt den Inquisitor Kardinal rufen, um sich zu beraten und Gegenmaßnahmen zu treffen. Er ist jetzt zu allem entschlossen, härter als jemals zuvor, auch bereit, Blut von seinem Stamm zu vergießen.
Als der Großinquisitor eintritt, geht eine eisige Kälte von ihm aus. Er ist ein neunzigjähriger blinder Greis, doch mit immer noch scharf und klar denkendem Verstand. In seinem langen, langen Leben hat er Zehntausende Menschen auf den Scheiterhaufen gebracht, um die Reinheit und die Macht des katholischen Glaubens zu verteidigen. Der Greis maßregelt

Philipp wie einen unreifen Schüler und wirft ihm vor, Posa plump ermordet zu haben. Dessen Pläne und Wege seien der Inquisition jederzeit bekannt gewesen und die Bestrafung dieses schwärmerischen Ketzers hätte allein der Kirche angestanden.

Philipp unterwirft sich dem Machtanspruch des Großinquisitors und bittet ihn, das Richteramt über seinen Sohn Karlos zu übernehmen: »Ich lass ihn fliehen, wenn ich ihn nicht sterben lassen kann.« Im Namen der Kirche übernimmt der Großinquisitor die alleinige Verantwortung für den Mord an Karlos und Philipp bricht den Stab über seinen Sohn: »Ich lege mein Richteramt in deine Hände.«

Inzwischen hat der Prinz das Zimmer der Königin erreicht. Der Tod seines Freundes hat Karlos verwandelt. Liebe und Leidenschaft hat er aus seinem Leben verbannt, er tritt Elisabeth in diesem Augenblick des Abschieds als politisch beseelter Revolutionär entgegen, der seinem Volk die Freiheit schenken will: »Ich eile, mein bedrängtes Volk zu retten von Tyrannenhand. Madrid sieht nur als König oder nie mich wieder.« Da fällt das eisige Urteil zwischen sie, der König und der Großinquisitor treten aus dem Dunkel hervor und Philipp übergibt seinen Sohn den Henkern: »Kardinal! Ich habe das Meinige getan. Tun Sie das Ihre.«

Spickzettel »Don Karlos«

Gattung: Drama / Dramatisches Gedicht

Entstehungsdatum: 1787

Ort der Handlung: Madrid, Spanien

Zeitpunkt der Handlung: Ende des 16. Jahrhunderts

Gedankengut der literarischen Epochen: Aufklärung, Sturm und Drang, Weimarer Klassik (Übergangswerk)

Themenbereiche/Ansatzpunkte zur Interpretation:

- Konfliktpotenzial zwischen Liebe und Politik (Familientragödie und politische Tragödie)
- Verarbeitung des historischen Konflikts zwischen Katholiken und Protestanten in Flandern im 16. Jahrhundert
- Idealismus und Humanismus (Posa als Vertreter des aufgeklärten Bürgers) im Kontrast zu
- Forderung von Menschenrechten, Gedankenfreiheit und politischer Freiheit
- Die erträumte Welt als Muster einer wahren und besseren Zukunft (Gedankengut der Weimarer Klassik, vgl. »Dem Wahren, Schönen, Guten«)
- Verurteilung von gewaltbereiter und intriganter Herrschaft

Wallenstein

Die Piccolomini

Dieser Krieg wird dreißig Jahre dauern. Es ist ein blutiger Kampf um den rechten Glauben. Sechzehn Jahre der Verwüstung, des Raubens und des Mordens sind bereits vergangen und noch ist kein Friede in Sicht. Der Bürger gilt nichts mehr, der Krieger alles. Der Gott des Kriegers ist der kaiserliche Feldherr Wallenstein, der Herzog von Friedland. Seine Soldaten folgen ihm blind und ergeben, denn ihn verlässt das Glück scheinbar nie. Es heißt deshalb auch, er stünde mit dem Teufel im Bunde, er sei unverwundbar und habe sein Schicksal den Sternen anvertraut. Ist dieser mächtige, geheimnisvolle Mann nun die Stütze oder der Schrecken seines Kaisers? Wird er seine enorme Macht und sein Heer dem kaiserlichen Befehl aus Wien unterordnen oder wird er zum Rebellen und Verräter, der zu den feindlichen Schweden überläuft?

Im Jahre 1634 muss die Entscheidung fallen. Wallenstein hat sein gesamtes Heer in Böhmen zusammengezogen. Große Unruhe herrscht im Lager, denn die Soldaten fürchten, dass das Heer gespalten und ihr Feldherr entmachtet wird. Die rauen Söldner verachten die Bürokraten des Wiener Hofes, die sie für kriegsunerfahrene, kalte Schreibtischtäter halten, und setzen ihre Hoffnungen ganz und gar auf den eigenwilligen Friedländer. So ist die Stimmung explosiv, als der kaiserliche Gesandte von Questenberg in Pilsen eintrifft, wo sich die Generäle im Rathaus versammelt haben. Unverhohlen geben sie dem Boten zu verstehen, dass sie zuerst ihrem Feldherrn und nicht dem ungeliebten Kaiser dienen. Kaum einer der Generäle scheint dem Kaiser noch ergeben, nur Octavio Piccolomini steht bedingungslos zu ihm und nur Octavio kann sich Questenberg deshalb anvertrauen: »Das ist viel schlimmer, als wir's in Wien uns hatten träumen lassen. Hier ist kein Kaiser mehr. Der Fürst ist Kaiser!«

Umso schwieriger ist die Situation für Octavio Piccolomini. Gerade ihm, den der Kaiser zu Wallensteins Nachfolger bestimmt hat, vertraut der Friedländer blind, seit er ihm einst das Leben gerettet hatte. Durch einen bösen Traum gewarnt, hatte Octavio am Morgen der Lützener Schlacht Wallenstein ein anderes Pferd angeboten, das den Heerführer dann tatsächlich sicher durch alle Gefahren trug. »Seit jenem Tag«, bemerkt Octavio zu Questenberg, »verfolgt mich sein Vertrauen in gleichem Maß, als ihn das meine flieht«. Dass Octavio sich vor Wallenstein verstellen und seine wahren Überlegungen verbergen muss, bereitet ihm keine Gewissensqualen, denn sein Pflichtgefühl bindet ihn an den Kaiser, nicht jedoch an den eigenmächtigen Feldherrn.

Sehr viel problematischer gestaltet sich dagegen die Beziehung zu seinem Sohn Max Piccolomini. Dieser aufbrausende und offenherzige junge Mann ist ein Kind des Krieges, aufgewachsen im Lager, dabei immer in der Nähe Wallensteins, den er fast wie einen zweiten Vater liebt und als Kriegsheld leidenschaftlich bewundert. Octavio fürchtet nun, seinen Sohn zu verlieren, wenn er die Maske ablegt und Wallenstein an den Kaiser verrät. Wird Max das politische Intrigenspiel des Vaters verstehen und an seiner Seite bleiben? Oder wird er zum Friedländer halten, für den er, wenn nötig, sein Blut vergießen will?

Zu seinem Schrecken erkennt Octavio, dass sich dieser Konflikt zuspitzen wird, denn Max hat sich offenbar in Wallensteins Tochter Thekla verliebt. Im Auftrag des Herzogs begleitete Max die Herzogin von Friedland und ihre Tochter auf ihrer Reise nach Böhmen. In dieser Zeit haben sich Max und Thekla gefunden und Octavio wittert dahinter sofort eine Intrige der Vertrauten Wallensteins: »Verwünschte, dreimal verwünschte Reise! Er kommt mir nicht zurück, wie er gegangen.«

Doch Wallenstein hat für Max und Thekla kein Auge, ihn treiben andere Ängste und Pläne. Sein Schwager Terzky und Feldmarschall Illo, beide enge Vertraute Wallensteins, bedrängen ihn, sich endlich zu entscheiden, vom Kaiser abzurücken und sich mit den ungeduldig wartenden Schweden zu verbünden. Jetzt sei der Augenblick günstig, jetzt seien alle ihm treu ergebenen Generäle versammelt. Doch Wallenstein ist voller Zweifel. Er ist ein Spieler, der es hasst, sich festzulegen. Er will alle Freiheiten und Möglichkeiten behalten, fesselnde Abhängigkeiten bis zuletzt vermeiden. Diese Haltung wird durch seinen Sternenglauben bestärkt. Ihm, der mit seinem Astrologen Seni wieder und wieder die Sternbilder liest und deutet, ist auf dieser Welt nichts Zufall. Nur die »hellgebornen, heitren Joviskinder«, zu denen er sich zählt, können, glaubt er, die rechte Sternenstunde erkennen und die Schicksalsmächte zu ihrem Vorteil nutzen. Wer jedoch zu sehr zu den Sternen aufschaut, verliert die Welt aus den Augen.

Eine kalte und feindselige Atmosphäre schlägt Questenberg entgegen, als er vor Wallensteins versammelten Kommandeuren noch einmal die Befehle des Wiener Kaiserhofes vortragen soll. Sie zielen darauf ab, Wallenstein zu entmachten. Er soll aus Böhmen abziehen und große Teile seines Heeres sollen fremdem Befehl unterstellt werden. Dieses Manöver kommt seiner Absetzung gleich und es erinnert Wallenstein bitter an den Regensburger Fürstentag, als ihn der Kaiser schon einmal degradierte. So eine Demütigung, das hat sich der Friedländer geschworen, wird ihm nicht noch einmal widerfahren. Nur zum Schein resigniert er und deutet an, dass er das Kommando freiwillig aufgibt. Seine Offiziere protestieren empört dagegen. General Colalto bringt ihre Haltung mit flammendem Pathos auf den Punkt: »Wir wollen mit dir leben, mit dir sterben.«

Diese neu entfachte Begeisterung für Wallenstein wollen Terzky und Illo ausnutzen. Sie planen für den Abend ein Festbankett, bei dem alle Generäle anwesend sein werden. Bei diesem Fest sollen die Kommandeure dann einen schriftlich fixierten Eid auf Wallenstein als ihren alleinigen Herrn unterzeichnen. Um sie von ihren Eidespflichten dem Kaiser gegenüber zu entbinden, hat Illo einen Trick erdacht: Vor dem Bankett soll den Generälen eine Eidesformel gezeigt werden, die sie nur so weit an Wallenstein bindet, wie es die Pflichten gegen den Kaiser erlauben. Wenn dann später alle betrunken und sorglos sind,

wird ihnen eine veränderte Fassung zur Unterschrift vorgelegt, die die Unterzeichnenden ausschließlich dem Herzog verpflichtet. Die Klausel jedoch, die die Kaisertreue festschreibt, fehlt.
Noch bevor der Abend anbricht, treffen die Liebenden Max und Thekla heimlich zusammen. Niemand im Lager, schon gar nicht Wallenstein, darf etwas von diesem Rendezvous wissen. Eingefädelt wird das Treffen von der Gräfin Terzky, der Schwägerin Wallensteins. Sie ist eine kluge und politisch denkende Frau, die sich als Anwältin des Friedländers versteht. Zwar fördert sie die Liebe zwischen Thekla und Max, aber nur, um den einflussreichen und bei den Soldaten beliebten Piccolomini an Wallenstein zu binden. Doch zugleich kontrolliert sie das Liebespaar, denn sie weiß, dass Wallenstein große Pläne mit seiner Tochter hat. Für sie, so denkt der ehrgeizige Vater, kommt nur die Heirat mit einem Königssohn infrage. Nicht das Glück seiner Tochter, sein eigenes hat Wallenstein fest im Blick. Doch alles Kalkül vermag nichts gegen die Liebe.

Max, der nur Kämpfe und Krieger kannte, hat die Liebe vollkommen verwandelt: »Ist denn alles hier verändert, oder bin nur ich's? Wie schal ist alles nun und wie gemein! Die Kameraden sind mir unerträglich, der Vater selbst, ich weiß ihm nichts zu sagen. Der Dienst, die Waffen sind mir eitler Tand.« Ohne Misstrauen vertraut sich Max der Gräfin Terzky an, da er sie als Verbündete betrachtet. Sobald die Gräfin die Liebenden jedoch allein gelassen hat, warnt die aufmerksame Thekla ihn: »Trau ihnen nicht. Sie meinen's falsch. Trau niemand hier als mir. Ich sah es gleich, sie verfolgen einen Zweck. Es ist nicht ihr Ernst, uns zu beglücken.« Dem arglosen Max sind solche Gedanken fremd. Am liebsten würde er sofort zu Theklas Vater eilen und um ihre Hand anhalten. Thekla aber bleibt skeptisch: »Lass nicht zu viel uns an die Menschen glauben. Wir wollen uns lieber auf unser Herz verlassen.« Da drängt sich schon wieder die Gräfin zwischen das Paar und Max muss fort.

Wie recht Thekla hat, zeigt schon der nächste Augenblick, als die Gräfin sie eindringlich warnt, sich den ehrgeizigen Plänen des Vaters zu widersetzen. So sieht Thekla der Zukunft entschlossen und illusionslos entgegen: »Das ist kein Schauplatz, wo die Hoffnung wohnt. Uns drohen harte Kämpfe. Wir haben keinen Freund und keine treue Seele hier – wir haben nichts als uns selbst.«

Während Max und Thekla sich heimlich getroffen haben, hat das von Terzky und Illo veranstaltete Festbankett bereits begonnen. Als Max hinzukommt, sind die Generäle in bester Laune. Man trinkt viel und prahlt mit alten Abenteuern. Die Eidesformel haben alle gelesen, niemand hat etwas daran auszusetzen und niemand bemerkt, dass Terzky und Illo ein falsches Spiel spielen.

Nur Buttler, der Chef eines Dragonerregiments, hat den Trick durchschaut. Seine Loyalität zu Wallenstein ist dennoch ungebrochen, da er ihm seine ganze Karriere verdankt. Seit Jahrzehnten kämpft der alte Krieger an seiner Seite und hat sich dabei vom einfachen Reitersknecht zum Befehlshaber hochgedient. Er versichert Terzky und Illo: »Ihr könnt auf mich rechnen. Mit oder ohne Klausel. Ist mir gleich! Versteht ihr mich? Der Fürst kann meine Treue auf jede Probe setzen.« Wallensteins Vertraute sind hocherfreut, denn alles scheint nun nach ihren Wünschen zu verlaufen. Sorglos und ohne sich das Papier noch einmal anzusehen, unterzeichnen alle Kommandeure, auch Octavio Piccolomini.

Nur einer hat noch nicht unterschrieben, ein Name fehlt. Max sitzt verträumt an der Tafel, seine Gedanken sind an einem anderen Ort. »Nur ein Piccolomini hat unterschrieben!«, ruft Terzky und sofort richten sich alle Blicke auf Max, der immer noch ins Leere starrt. »Wird's bald, Herr Bruder?«, bedrängt ihn der Kroatengeneral Isolani. Max winkt müde ab: »Lasst's ruhn bis morgen. Es ist ein Geschäft, hab heute keinen Kopf dafür.« Jetzt wird auch der schwer angetrunkene Illo aufmerksam und drängt heran: »Du musst unterschreiben!« Max wehrt ihn ab: »Alle wissen, wie ich zu dem Fürsten stehe. Es braucht keine solchen Fratzen.« Wutentbrannt und besoffen plappert Illo nun selbst das Geheimnis der Klausel aus. »Du verdirbst alles!«, zischt ihn Terzky an. Andere Generäle werden aufmerksam und Illo fällt vollends aus der Rolle. Er zieht seinen Degen und bedroht Max. Doch der fällt ihm blitzschnell in den Arm und entwaffnet ihn. »Bringt ihn zu Bett!«, befiehlt Max, ehe er das Bankett, das sich jetzt in Tumult auflöst, verlässt.

Doch an Schlaf ist in dieser stürmischen Nacht nicht mehr zu denken. Octavio geht unruhig auf und ab, als Max bei ihm erscheint. Der Vater ist nun entschlossen, seinem Sohn reinen Wein einzuschenken: »Nach dem, was diese Nacht geschehen ist, darf kein Geheimnis zwischen uns bleiben.« Max sieht den Vater gespannt an. Nach einer langen Pause beginnt Octavio: »Hör zu! Man hintergeht dich – spielt aufs Schändlichste mit dir und uns allen. Der Herzog täuscht vor, er wolle die Armee verlassen; doch in dieser Stunde wird's eingeleitet, die Armee dem Kaiser zu stehlen und den Schweden zuzuführen.« – »Das

Märchen kenn ich«, erwidert Max, »aus deinem Mund hätt ich es aber nicht erwartet.« Octavio hält dagegen: »Er selbst hat mir anvertraut, hörst du, dass er zum Schweden überlaufen und den Kaiser zum Frieden zwingen will.« Darauf stößt Max empört hervor: »Es kann nicht sein! Es kann einfach nicht sein!«

Genauso wenig wie Max glauben kann, dass sein Freund Wallenstein ein Verräter sein soll, will er akzeptieren, dass sein Vater die ganze Zeit ein undurchsichtiges Spiel getrieben hat. Da greift Octavio zu einem noch stärkeren Mittel. Er zeigt Max einen kaiserlichen Brief, der Wallenstein verurteilt und ächtet und Octavio als seinen Nachfolger einsetzt. »Kannst du immer noch an seine Unschuld glauben?«, setzt Octavio ihm zu. Max vertraut indes auf sein Gefühl: »Dein Urteil kann sich irren, nicht mein Herz.« – »Das Herz«, antwortet Octavio, »mag dazu sprechen, was es will, hier geht's darum, dem Kaiser und nicht Wallenstein zu dienen.«

Max ist völlig konfus, hin- und hergerissen, überall wo er bisher Menschen gesehen hat, zeigen ihm jetzt hohle Masken ihre trügerischen Züge. Wer ist echt? Wer sagt die Wahrheit? Und wem darf man trauen? Seine Verwirrung wird noch gesteigert, als ein Bote eintrifft und Octavio meldet, dass man einen Unterhändler Wallensteins abgefangen habe, der geheime Nachrichten an die Schweden mit sich führe. »Was nun, mein Sohn?« Max fährt den Vater aufgebracht an: »Wenn du geglaubt hast, ich werde eine Rolle in deinem Spiel spielen, hast du dich verrechnet. Mein Weg muss grad sein! Ich geh zum Wallenstein.« Octavio erschrickt: »Was? Wohin? Willst du mein mühevolles Werk der Staatskunst vernichten?« Max hält dagegen: »Oh! Diese Staatskunst, wie verwünsch' ich sie! Das kann nicht gut enden. Ich sehe unser aller Unglück voraus! Denn dieser Königliche, wenn er fällt, wird eine Welt im Sturze mit sich reißen und wird uns alle, die wir an sein Glück befestigt sind, in seinen Fall hinabziehn.« Max, der die krumme Politik und die listige Diplomatie des Vaters verachtet, will Gewissheit, eine Entscheidung muss fallen: »Bevor dieser Tag zu Ende geht, muss ich wissen, ob ich den Vater oder den Freund verliere. Mein Weg muss gerade sein!«

Wallensteins Tod

»Lass es gut sein, Seni. Komm herab. Der Tag bricht an. Komm! Wir wissen genug.« Die ganze Nacht haben Wallenstein und sein Astrologe Seni die Sterne

beobachtet und gedeutet. Endlich stehen die drei großen Sterne Jupiter, Venus und Mars in einer für Wallenstein günstigen Konstellation, der sich durch dieses Himmelszeichen belebt und bestärkt fühlt: »Die Zeit des Nachdenkens und Grübelns ist nun vorbei, Seni. Jetzt muss gehandelt werden, ehe die Glücksgestalt wieder flieht.« Da wird heftig an die Tür geklopft.
Graf Terzyk stürmt atemlos ins Zimmer und meldet, dass man den Unterhändler Sesin abgefangen habe, der in dieser Nacht auf dem Weg zu den Schweden war. Ebenso aufgeregt kommt Illo herbeigelaufen, der Wallenstein sofort mit der Konsequenz dieses Vorfalls konfrontiert: »Sie haben jetzt Dokumente gegen uns in der Hand. Man weiß also, was du gewollt hast. Vorwärts musst du, denn rückwärts kannst du nun nicht mehr.« Terzky und Illo fordern von Wallenstein, sich endlich zu entscheiden und offen vom Kaiser abzufallen. »Noch steht das Heer zu dir, noch halten sie die Treue. Doch wie lange noch? Deine Chancen stehen gut. In diesem Augenblick! Handle! Handle unverzüglich! Ehe sie in Wien dein Schicksal entscheiden.« Wallenstein scheint aus seiner Lähmung zu erwachen und lässt nach dem schwedischen Unterhändler rufen, der seit Stunden ungeduldig darauf wartet, vorgelassen zu werden. Terzky und

Illo verlassen ihren Feldherrn erleichtert. Offensichtlich ist er jetzt aus seinem geheimnisvollen Sternenreich in die Realität und Gegenwart zurückgekehrt. Kaum haben seine Vertrauten die Tür hinter sich zugezogen, wird Wallenstein von Zweifeln geplagt. »Wär's möglich, dass ich nicht mehr kann, wie ich will? Muss ich die Tat vollbringen, nur weil ich sie gedacht habe? Meine Worte waren kühn, weil meine Taten es nicht waren. Den offenen Kampf mit dem Kaiser fürchte ich nicht, doch seine unsichtbare Macht, die fürchte ich. Das gefährlich Furchtbare ist das ewig Gestrige. Die Macht der Gewohnheit steht auf des Kaisers Seite, und die Menschen lieben das Gewohnte, das Immergleiche, das ewig Gestrige. Diesen Gegner fürchte ich.«
Der schwedische Unterhändler Wrangel reißt Wallenstein aus seiner Nachdenklichkeit. Misstrauisch stehen sich die beiden fremden Männer gegenüber. Können aus Feinden Verbündete werden? Wer macht den ersten Schritt? Wallenstein versucht, Wrangel ins Vertrauen zu ziehen, doch der will sich auf vage Erklärungen nicht einlassen, sondern verlangt Sicherheiten. Wallenstein soll nun endlich mit dem Kaiser brechen, sein Heer zu den Schweden führen und die Städte Prag und Eger räumen. Als Gegenleistung würden ihm die Schweden die böhmische Königskro-

ne verleihen. Wallenstein schreckt zurück: »Euch meine Hauptstadt räumen! Lieber tret ich zurück zu meinem Kaiser.« Kühl erwidert Wrangel: »Wenn's noch Zeit ist.« Die besseren Karten hat Wrangel, das muss Wallenstein zugeben und so bittet er sich Bedenkzeit aus.

Als der Schwede gegangen ist, kommen Illo und Terzky gespannt zurück. Zu ihrer großen Enttäuschung ändert der Friedländer erneut seine Meinung: »Ich will es lieber doch nicht tun und von der Gnade dieser Schweden leben.« Wer kann Wallenstein jetzt noch zum Umdenken bewegen? Die Sterne stehen ihm günstig, seine Vertrauten raten ihm zu, er selbst ist vom Kaiser tief enttäuscht und doch – den letzten Schritt will er nicht tun. Ist es die Angst, dem Feind die Hand zu reichen, den Eid zu brechen und das Vaterland zu verraten?

Die Lage ist verfahren, als sich die Gräfin Terzky melden lässt. Wallenstein will sie nicht anhören, doch sie weiß ihn listig zu provozieren: »Jetzt, da aus dem Traume Wahrheit werden will, fängst du an, Angst zu haben? Bist du nur in deinen Plänen tapfer, in deinen Taten feig?« Kein Mann würde es wagen, so mit dem gefürchteten Heerführer zu reden, doch seine Schwägerin weiß, wie sie ihn anpacken muss, um seinen Ehrgeiz zu wecken. Sie malt ihm sein Leben aus, wenn er jetzt auf all seine Macht verzichtet und nicht endlich aktiv wird: ein Leben ohne Einfluss, Kraft, ein Leben im Kleinen, ein gemütlich-beschauliches Landleben, ohne Kämpfe und Visionen. Diese Aussicht ängstigt Wallenstein mehr als alles andere: »Wenn ich nicht mehr wirke, bin ich vernichtet.« Die Gräfin setzt nach. Sie stellt Wallenstein anschaulich vor Augen, wie illoyal der Kaiser in Regensburg an ihm gehandelt hat und wie schäbig er sich jetzt verhält. Deshalb sei Wallensteins Bündnisbruch erlaubt, ja moralisch gerechtfertigt, denn gegen Notwehr könne niemand etwas haben. Und wenn er sich jetzt nicht wehre und nicht mit den Schweden kämpfe, dann sei er verloren. Was Illo und Terzky kaum noch zu hoffen wagten, geschieht: Wallenstein entscheidet sich. Er entscheidet sich endgültig, den Kaiser zu verlassen.

Jetzt, da die Fronten klar sind, beginnt Wallensteins Werben um die Anhänger. Octavio Piccolomini, der scheinbar immer noch fest an seiner Seite steht, übergibt er ein Kommando, das diesem gestattet, sich abseits des Kampfes zu halten: »Extreme Schritte sind nicht deine Sache, darum hab ich diese Rolle für dich ausgesucht. Du wirst durch dein Nichtstun diesmal mir am nützlichsten sein.« Während Octavio seine wahren Ansichten verbirgt, kann Max sein Entsetzen nicht verstecken, als ihn Wallenstein einweiht: »Die Wege scheiden sich nun feindlich. Du musst Partei ergreifen in dem Krieg, der zwischen deinem Freund und deinem Kaiser sich jetzt entzündet.« Max will von dieser Alternative nichts wissen. Er beschwört Wallenstein: »Zum Verräter werde nicht, nicht zum Verräter. Das ist nicht nur ein Fehler, ein Regelverstoß, das ist die Hölle selbst, die schwarze Hölle.« Dagegen setzt Wallenstein das Gesetz der Stärke. »Wer nicht vertrieben sein will, muss vertreiben, und nur wer wunschlos ist, kann rein durchs Leben gehn.« Max bietet sich als Vermittler an: »Schick mich nach Wien. Lass mich deinen Frieden mit dem Kaiser machen. Und sein Vertrauen bring ich dir zurück.« Wallenstein lehnt dieses Angebot ab und besteht auf seinen Plänen: »Wir handeln, wie wir müssen. Was tu ich Schlimmeres als Cäsar, dessen Name die Welt bis heute mit Hochachtung nennt. Er führte seine Legionen gegen Rom, obwohl die Stadt die Soldaten ihm gerade zu ihrem Schutz anvertraut hatte. Ich spüre seinen Geist in mir.« Verärgert und traurig verlässt Max den Freund.

Unterdessen ist auch Octavio Piccolomini nicht untätig. Er empfängt den Kroatengeneral Isolani und zeigt ihm die Order des Kaisers, die Wallenstein ächtet und

Piccolomini zum neuen Chef des Heeres erklärt. Isolani ist völlig überrumpelt und erhält keine Bedenkzeit: »Erklärt euch kurz und gut. Dient ihr dem Kaiser oder dem Verräter?« Isolani beugt sich dem Druck und stellt sich auf die Seite des Kaisers.

Schwieriger wird es für Octavio, den alten Oberst Buttler zu gewinnen, der Wallenstein alles verdankt. Er weigert sich zunächst standhaft, seinem Feldherrn untreu zu werden. Ja, er will ihm bis in den Tod folgen. Doch Octavio spielt seine Trumpfkarte aus. Er zeigt einen Brief vor, der belegt, dass Wallenstein Buttlers Bemühungen um einen Grafentitel hinterlistig torpediert hat. Da sich der Oberst vom einfachen Soldaten zum Offizier hochgearbeitet hat, erschien ihm der Grafentitel äußerst begehrenswert und die Ablehnung, die ihn tief verletzte, hatte er immer den Wiener Bürokraten und dem Kaiser zugeschrieben.

Als er jetzt erfährt, dass Wallenstein dahintersteckt und ihn nur als blindes Werkzeug betrachtet, ist er schnell bereit, sich von ihm zu trennen. Ja, er geht noch weiter: »Nur von ihm trennen? Oh! Er soll nicht leben!« Octavio horcht auf: »Ich traue euch, doch was brütet ihr aus?« Buttler gibt sich geheimnisvoll: »Die Tat wird's lehren. Ich bleib in seiner Nähe und bei Gott! Ihr überlasst ihn seinem guten Engel nicht!«

Bevor Octavio das Lager verlässt, trifft er ein letztes Mal seinen Sohn, der ihm bittere Vorwürfe macht: »Der Herzog hat mich hintergangen, schrecklich, du aber hast nicht viel besser gehandelt. Du steigst durch seinen Fall. Octavio, das will mir nicht gefallen.« Octavio beschwört seinen Sohn, ihm zu folgen, doch Max beharrt auf seinem eigenen, dem graden Weg. Alles um ihn herum ist zerstört, seine Freunde und der Vater verloren. Nun bleibt ihm nur noch die Liebe zu Thekla: »Der einzige reine Ort ist unsere Liebe. Ich folge dem Herzen, denn ihm darf ich trauen.« Ein letztes Mal fallen sich Vater und Sohn in die Arme, dann gehen sie auseinander.

Dass sein Untergang bereits beschlossene Sache ist, ahnt Wallenstein nicht. Er sieht sich immer noch auf dem Weg nach oben. Als er von der Gräfin Terzky erfährt, dass Max Thekla liebt und auf ihre Hand hofft, hat er einen furchtbaren Zornausbruch: »Ist der Junge toll? Er ist ein Untertan, und meinen Schwiegersohn will ich auf einem europäischen Thron finden. Meine Tochter wird einen König heiraten, oder ich will nicht leben.« Dieser Hochmut lässt seine Frau verzweifeln: »Sie bauen immer, bauen bis in die Wolken, bauen fort und fort und denken nie daran, auf welch schmalem Grund Sie Ihr schwankendes Riesenwerk errichten.«

Wie recht die furchtsame Herzogin hat, zeigt bereits der nächste Augenblick. Terzky und Illo melden, dass nicht nur Isolani und seine Soldaten heimlich das Lager verlassen haben, sondern auch die meisten anderen Truppen. Das ganze Lager ist in Aufruhr und die Hiobsbotschaften nehmen kein Ende. Das Tiefenbacher Regiment verweigert Wallenstein ebenfalls die Gefolgschaft und beruft sich dabei auf Octavio Piccolomini. Nur ihm und dem Kaiser werde man gehorchen. Mehr als alles andere schockiert Wallenstein die Nachricht, dass Octavio, den er so oft gegen das Misstrauen von Illo und Terzky verteidigte, ihn verraten hat: »Das war kein Heldenstück, Octavio! Nicht deine Klugheit siegte über meine, dein schlechtes Herz hat über mein gerades den schändlichen Triumph davongetragen.« In dieser dunklen Stunde erscheint ihm Oberst Buttler wie ein Hoffnungsbote. Dass auch er ein falscher Freund ist, bemerkt Wallenstein nicht. Obwohl Buttler ihm mitteilt, dass Prag verloren ist und die dort stationierten Regimenter dem Kaiser folgen, schöpft Wallenstein neue Zuversicht: »Ich bin geheilt von allen Zweifelsqualen, die Brust ist frei, der Geist ist hell: Nacht muss es sein, wo Friedlands Sterne strahlen.« Wallenstein setzt nun auf die Regimenter von Buttler und Terzky und er hofft, mit dem schwedischen

Heer seine Macht zurückzuerobern. Sein Mut wächst, wo Vorsicht geraten wäre.
Doch schon die nächste Aktion misslingt ihm. Die Pappenheimer Kürassiere, die eine Abordnung zu ihm geschickt haben, scheint er durch seine Redekunst zunächst für sich gewinnen zu können: »Mit den Schweden paktiere ich nur zum Schein. Ich will Frieden bringen, den unseligen Krieg beenden, denn mich jammert das deutsche Volk.« Doch als die Pappenheimer Kürassiere hören, dass die Regimenter Terzkys die kaiserlichen Adler von den Fahnen reißen, glauben sie ihm nicht mehr.

Die Ereignisse werden immer dramatischer, als Max in den Saal stürzt und lauthals seine Liebe zu Thekla bekennt: »Es höre, wer es will, dass wir uns lieben. Wozu es noch verbergen?« Erst jetzt registriert Max, dass ihr Vater auch zugegen ist. Wallenstein unternimmt einen letzten Versuch, Max zu ködern und in sein Lager herüberzuziehen. Er geißelt Octavios niederträchtiges Doppelspiel und erinnert Max daran, dass er wie ein zweiter Vater zu ihm war: »Dich hab ich geliebt, du warst das Kind meines Hauses – Max, du kannst mich nicht verlassen! Wenn ich gegen den Kaiser unrecht handle, so ist's mein Unrecht und nicht das deinige.«

Max erschüttert dieser Auftritt, zwei Stimmen zerreißen streitend ihm die Brust. Soll er Wallenstein folgen oder dem Kaiser die Treue halten? Soll er gegen den Vater kämpfen oder Thekla im Stich lassen? »Ich stehe schwankend, weiß nicht, was ich soll. Wo ist eine Stimme der Wahrheit, der ich folgen darf?« Da fällt sein Blick auf Thekla. »In deine heilig reine Liebe will ich's legen. Ich frage dich. Soll ich dem Kaiser Eid und Pflicht abschwören? Denk nach, überstürz' die Antwort nicht.« Thekla zögert keine Sekunde: »Geh und erfülle deine Pflicht. Ich würde dich immer lieben. Wie du dir selbst treu bleibst, bist du's mir. Ein blutiger Hass entzweit die Häuser Friedland und Piccolomini für immer, doch wir gehören nicht zu unserem Haus.« Max und Thekla fallen sich verzweifelt in die Arme.

Plötzlich wird ein lautes Toben und Schreien hörbar, die Pappenheimer stürmen den Saal und verlangen die Herausgabe ihres Anführers Max. Wallenstein gibt Max frei, der sich jetzt gewaltsam von Thekla losreißen muss. Voller Schmerz und mit lautem Wehklagen entfernt er sich und fordert Buttler geradezu flehentlich auf, das Leben seines Feldherrn zu schützen. Dann wirft er sich mit einem düsteren Todeswunsch auf den Lippen seinen Soldaten entgegen: »Wer mit mir geht, der sei bereit zu sterben!«

Die Tragödie nimmt von nun an unaufhaltsam ihren Lauf und die Schlinge des Todes zieht sich immer enger um Wallenstein zusammen. Als er in Eger Einzug hält, wo er sich mit den Schweden vereinigen will, trifft Buttler bereits die Vorkehrungen für seine Ermordung. Da die Schweden schneller als erwartet in Eger eintreffen werden, forciert Buttler seine Pläne, denn er hat bei seinem Tod geschworen, Wallenstein dem Kaiser tot oder lebendig auszuliefern. Weil der Verrat des Friedländers offenkundig ist, muss sich auch der Kommandant der Stadt Gordon an dem Attentat beteiligen. Als ehemaliger Jugendfreund des Herzogs gerät er deshalb in ein furchtbares Dilemma und ist hin- und hergerissen zwischen Pflicht und Gefühl.

Der Druck auf Buttler, seinen Anschlag auszuführen, wächst nochmals, als die Nachricht eintrifft, dass sich die Schweden eine Schlacht mit den kaisertreuen Pappenheimern geliefert haben und dabei Sieger blieben. Auch Max Piccolomini fand dabei den Tod. Noch in dieser Nacht, ordnet Buttler an, muss Wallenstein sterben. Gordon wird blass, er bettelt, schließlich droht er: »Hören muss man auch den Schuldigsten, sonst ist es Mord, und den schwarzen Mord, den ihr plant, verfluchte die Natur.« Doch Buttler lässt sich nicht beirren: »Spart euer Mitleid. Heute Abend muss es geschehn. Und auch Illo und Terzky dürfen nicht leben, wenn der Herzog fällt. Ich gehe und erteile die Befehle.«

Dass über ihnen schon das mörderische Schwert schwebt, spüren Illo und Terzky nicht. Sie wollen am Abend ausgelassen den Sieg der Schweden feiern. Auch der Tod Max Piccolominis erfüllt sie mit Freude und Zuversicht. Und schon träumt Illo von neuem Kriegsglück: »Der Fürst wird bald wieder ein großes Heer versammelt haben. Wie in alten Tagen wird er groß und mächtig sein.« Für diese brutalen Männer kann Gordon kein Mitleid empfinden: »Dünkel und Siegestrunkenheit machen sie blind. Beklagen kann ich sie nicht.« Nur den Wallenstein bedauert er aufrichtig. Obwohl Buttler sich abweisend zeigt, versucht er erneut, ihn umzustimmen: »Rettet doch den Mann. Was kann aus dieser blutigen Tat euch Glückliches gedeihen? Aus Blut entspringt nichts Gutes, und vielleicht werdet ihr als Mörder dem Kaiser missfallen.« Doch Gordon scheint seine Worte gegen einen Fels zu sprechen. Buttler nennt ihm den Grund für seine Gnadenlosigkeit: »Den Menschen macht sein Wille groß und klein, und weil ich meinem treu bin, muss er sterben.« Da resigniert Gordon: »Ich kann euch nicht hindern, ihn aber rette Gott aus eurer fürchterlichen Hand.«

Während Buttler den Mord vorbereitet, stirbt Thekla fast vor Schmerz, denn sie war die Erste, die die Nachricht vom Tode Max Piccolominis erreichte. Als sie aus dem Munde des schwedischen Boten hörte, was geschehen war, brach sie ohnmächtig zusammen und wurde schon für tot gehalten. Deshalb wollen es ihre Mutter und die Gräfin Terzky auch nicht zulassen, dass sie den Boten noch einmal anhört, so wie sie es sich wünscht. Erst ihr Vater gewährt die Bitte: »Es gibt Schmerzen, wo der Mensch sich selbst nur helfen kann, ein starkes Herz will sich auf seine Stärke nur verlassen.«
Und so empfängt Thekla den schwedischen Hauptmann, der Augenzeuge der blutigen Schlacht war, um alles über Max' Tod zu erfahren. Der Hauptmann berichtet, wie tapfer und verzweifelt Max und seine Pappenheimer gekämpft haben. Aber offenbar habe er den Tod gesucht, denn er ritt, obwohl der Kampf aussichtslos war und man ihm Schonung anbot, angreifend in den sicheren Tod: »Man sagt«, so erzählt es der schwedische Bote, »er wollte sterben.«
Thekla kann sich bei dieser Schilderung vor Trauer kaum auf den Beinen halten, aber sie erfährt, was sie unbedingt wissen will. Max ist in einer Klosterkirche bei Neustadt beigesetzt. Dorthin zieht es sie nun mächtig und sie trifft alle Vorbereitungen, um in der

Nacht aus Eger zu fliehen, begleitet nur von ihrer Hofdame, dem Fräulein Neubrunn. Dass sie von dort nicht lebend zurückkehrt, ist für Thekla beschlossene Sache: »Was ist das Leben ohne Liebesglanz? Ich werf es hin, da sein Gehalt verschwunden.« Ein letztes Mal schließt sie die Mutter in die Arme, dann verschwindet sie in der Nacht, dem verstummten Geliebten, dem Tod entgegen.

In der Finsternis der Nacht, die jetzt über Eger hereinbricht, versinken auch Wallensteins Glückssterne. Der letzte Akt seines Lebens beginnt. Buttler lässt die Söldner Deveroux und Macdonald rufen, denn sie sollen für ihn den Friedländer ermorden. Diese beiden skrupellosen Hauptmänner haben viel Blut an den Händen, als sie aber Buttlers Auftrag hören, zögern sie zunächst. Deveroux wendet zweifelnd ein: »Den Feldherrn ermorden, das ist eine Sünd' und Frevel, von dem kein Beichtmönch uns absolvieren kann.« Doch Buttler weiß ihre Zweifel zu zerstreuen. Er droht, einen Rivalen der beiden Hauptmänner mit dem Mord zu beauftragen, und sofort ändern Deveroux und Macdonald ihre Meinung. Die Belohnung wollen sie sich nicht entgehen lassen. Deshalb sind sie auch bereit, nicht nur Wallenstein, sondern auch seine Vertrauten Illo und Terzky zu ermorden.

Mit dem Himmel hat sich auch Wallensteins Gemüt

verfinstert. Der Tod von Max Piccolomini hat ihn schwer getroffen. Die Gräfin Terzky versucht ihn zu ermutigen: »Lass uns vorwärts in hellere Tage schauen. Freue dich des Sieges, und vergiss, was er dich kostet.« Ihr gesteht Wallenstein: »Ich fühle wohl, was ich in ihm verlor, die Blume ist hinweg aus meinem Leben, und kalt und farblos seh ich's vor mir liegen. Denn er stand neben mir wie meine Jugend und machte mir das Wirkliche zum Traum.« Und obwohl ihn der Tod seines Freundes bedrückt, findet der Herzog noch die Kraft, die Ängste der Gräfin zu beschwichtigen, die um sein Leben fürchtet.
Wie optimistisch Wallenstein noch denkt, zeigt sich, als ihm sein Jugendfreund Gordon die Festungsschlüssel überbringt. Er findet Gordon mittelmäßig, vor der Zeit gealtert, schlaff und ohne Ehrgeiz. Sich selbst dagegen sieht er schon bald wieder aufsteigen und über seine Feinde triumphieren. Da drängt sich unangemeldet und atemlos sein Astrologe Seni ins Zimmer und bestürmt Wallenstein, noch in dieser Nacht zu fliehen. Die Sterne hätten ihm offenbart, dass falsche Freunde Wallenstein das Verderben bringen würden. Doch der Friedländer schlägt selbstbewusst alle Warnungen, denen sich jetzt auch Gordon flehend anschließt, in den Wind. Wallenstein betrachtet die beiden Männer, die sich zu seinen Füßen nie-

dergeworfen haben, mit Befremdung. »Zu spät«, erwidert Wallenstein. »Blut ist geflossen, Gordon. Niemals kann der Kaiser mir vergeben. Hätt' ich vorher gewusst, dass es mich den liebsten Freund kosten würde, kann sein, ich hätte es mir anders überlegt. Vielleicht auch nicht.«
So bleibt Wallenstein bis in seine letzte Lebensstunde ein Grübler, ein zweifelnder, suchender Mensch. »Ich denke einen langen Schlaf zu tun.« Mit diesen Worten zieht sich Wallenstein zurück.

Als alle Lichter erloschen sind, schleichen Macdonald und Deveroux schwer bewaffnet heran. Gordon wirft sich ihnen in den Weg, doch Buttler stößt ihn beiseite: »Fort, schwachsinniger Alter!« Aus der Ferne hört man Trompeten, die Schweden scheinen nah zu sein, das treibt die Mörder zur Eile. Sie dringen in Wallensteins Schlafgemach ein, dumpfe Stimmen, Waffengeklirr, ein erstickter Schrei, schließlich tiefe, lastende Stille.
Es sind aber nicht die Schweden, die jetzt die Stadt besetzen, sondern die kaiserlichen Truppen, an ihrer Spitze Octavio Piccolomini. Gerade als er eintritt, verkündet Seni die blutige, entsetzensvolle Tat, der Fürst liegt erstochen in seinem Zimmer. Octavio, der glaubte, er könne das Äußerste noch verhindern,

schreckt betroffen zurück. Mit diesem Mord will er nichts zu tun haben: »Ich hebe meine Hand. Ich bin an dieser ungeheuren Tat nicht schuldig.« Buttler indes macht ihn verantwortlich: »Ihr habt den Pfeil geschärft, ich hab ihn abgedrückt. Ihr habt Blut gesät, und nun erntet ihr Blut.« Mit diesem Vorwurf entfernt sich Buttler, er will unverzüglich nach Wien, um sich die Belohnung des Kaisers zu holen.
So bleibt Octavio allein zurück. Viel Blut ist geflossen, Träume sind beerdigt und der Krieg ist noch lange nicht beendet. Max liegt unter schwerem Stein, Thekla ist lebensmüde, Terzky und Illo sind von scharfem Stahl durchbohrt, Wallenstein liegt erstochen und schon wieder naht der Tod. Die Gräfin Terzky wankt bleich herein und spricht mit schwacher Stimme. Sie hat Gift genommen, sie will den Untergang ihres Hauses nicht überleben. Octavio kann der Sterbenden nicht mehr helfen.
Inmitten dieser Zerstörung und trostlosen Leere steht Octavio. Da überbringt ein Kurier einen Brief. Gordon nimmt ihn entgegen, liest die Aufschrift und gibt ihn dann mit vorwurfsvollem Blick und Ton Octavio: »Dem *Fürsten* Piccolomini.«
Octavio erschrickt und blickt in tiefem Schmerz zum Himmel.

Spickzettel »Wallenstein« *(Trilogie: Wallensteins Lager, Die Piccolomini, Wallensteins Tod)*
Gattung: Drama / Dramatisches Gedicht (Tragödie)
Entstehungsdatum: 1798 (als Buch 1800 erschienen)
Gedankengut der literarischen Epoche: Weimarer Klassik
Ort der Handlung: Böhmen/Österreich (Wien)
Zeitpunkt der Handlung: 1634

Die Piccolomini

Themenbereiche/Ansatzpunkte zur Interpretation:
- Machtgier der Menschen
- Konflikt zwischen Idealismus und Realität
- Verlogenheit der Menschen
- Fragen der Staatskunst

Wallensteins Tod

Themenbereiche/Ansatzpunkte zur Interpretation:
- Dilemmafragen (Pflicht oder Gefühl)
- Auswirkungen von Macht und Einfluss auf das Individuum, d. h. Verformbarkeit des Menschen
- Suche des Menschen nach Sinn
- Das Individuum und sein Wille
- Die Bedeutung der Geschichte und Tradition für den Menschen und seine Geisteshaltung
- Differenzierung zwischen Tat und Gedanke (Wallenstein: Muss ich die Tat vollbringen, nur weil ich sie gedacht habe?)

Maria Stuart

Über ihrem Kopf schweben die königliche Krone und das Beil des Henkers. Für die einen ist sie eine Märtyrerin, für die anderen nur eine feige Mörderin. Man betet für sie oder verflucht sie, sie wird geliebt und gehasst.

Maria Stuart, die katholische Königin von Schottland, lebt im englischen Exil. Doch auch hier ist sie eine Gefangene. Im Schloss zu Fotheringhay wird sie strengstens bewacht. Nur ihre alte Amme und Kammerfrau Hanna Kennedy darf ihr Gesellschaft leisten.

Die protestantische Königin von England, Elisabeth, hält ihre Cousine Maria für eine gefährliche Rivalin, die es auf ihr Leben und den englischen Thron abgesehen hat. Obwohl Maria nach ihrer Flucht aus Schottland Elisabeth um Zuflucht und Schutz bat, fand sie bei ihr keine Gnade. Die Verbrechen, die man ihr vorwirft, wiegen schwer. Dass sie ihren Gatten, König Darnley, ermorden ließ und den Mörder, den Earl of Bothwell, heiratete, steht fest. Deshalb wurde sie von ihren Untertanen vertrieben.

Doch hat Maria wirklich Attentate auf Elisabeth unterstützt? Und stachelt sie ihre Anhänger aus der Haft tatsächlich immer wieder an, sie zu befreien und sich gegen die falsche Königin von England zu erheben? Waghalsige Männer wie Babington oder Tichburn haben bereits versucht, Maria zu befreien – ihre abgeschlagenen Köpfe stecken jetzt zur Warnung und Abschreckung auf den Londoner Brückenpfeilern.

Trotzdem finden sich immer wieder junge Männer, die von der Schönheit und dem Schicksal Marias angezogen werden und ihr Leben aufs Spiel setzen, um sie aus ihrer kargen Zelle zu befreien. Auch der junge Mortimer hat sich dieses Ziel gesetzt. Er ist der Neffe des strengen Sir Paulet, der zum Bewacher Marias bestellt ist. Hart und unerbittlich, aber auch gerecht wacht Sir Paulet über Maria. Das heimliche Ansinnen Elisabeths, dass er die schottische Königin still und ohne ein von ihr selbst unterschriebenes Todesurteil beseitige, wies er empört zurück. Paulet glaubt, er könne seinem Neffen bei der Bewachung seiner Gefangenen trauen, da dieser Maria besonders feindselig gegenübertritt. Doch hinter dieser Larve der Ablehnung steckt eine ganz andere Haltung, die erst zutage tritt, als Mortimer Gelegenheit findet, Maria Stuart allein zu sprechen.

Maria begegnet ihm anfangs sehr misstrauisch; als Mortimer ihr jedoch eine geheime Botschaft überreicht, erkennt sie, dass sie einen neuen Freund gefunden hat. Die Nachricht ist von ihrem Onkel, dem Kardinal von Guise, der ihr rät, sich dem jungen Mann rückhaltlos anzuvertrauen. Und ihr Vertrauen wächst, als sie seine Geschichte hört: Mortimer, der eine sehr strenge puritanische Erziehung genossen hatte, fand auf einer Italienreise zum katholischen Glauben und lebt ihn seither mit Feuereifer. Als er eines Tages Marias Bildnis erblickte, entbrannte in ihm der Wunsch, sie zu befreien. Der Bischof von Roße überzeugte den entflammten Jüngling, dass Elisabeth ihre Cousine nur wegen ihres Glaubens und ihres berechtigten Thronanspruchs verfolge, denn Elisabeth stamme – zumindest aus katholischer Sicht – aus einer ungültigen Ehe. Sie hasse Maria also nur deshalb, weil sie sie als Rivalin fürchte.

Aber wie sehr erschrickt Maria, als Mortimer ihr voller Tatendrang ankündigt, dass er bereits alle Vorkehrungen zu ihrer gewaltsamen Befreiung getroffen hat: »Zwölf edle Jünglinge sind bereit, Euch aus diesem Schloss zu entführen.« Voller Furcht warnt Maria ihn: »Flieht, denn alle, die es bisher versuchten, mussten qualvoll sterben. Niemand, der mich schützen wollte, wurde glücklich.« Sie bittet Mortimer, von dieser Idee abzulassen und sich stattdessen mit dem mächtigen Grafen von Leicester in Verbindung zu

setzen, der als Favorit und Günstling Elisabeths sehr viel Einfluss besitzt. Zu diesem Zweck überreicht sie ihm eine geheime Botschaft für Leicester.
Kaum hat Mortimer sich entfernt, als der Großschatzmeister Lord Burleigh eintritt. Burleigh ist einer der engsten Berater Elisabeths und deshalb ein erklärter Feind der Stuart. Mit eisiger Stimme teilt er ihr mit, dass sie durch die zweiundvierzig Richter, die edelsten Männer Englands, zum Tode verurteilt sei. Doch Maria ist keineswegs schockiert, sie betrachtet den Richterspruch als unzulässig und manipuliert: »Diese Richter lehne ich ab. Dieses Urteil lehne ich ab. Es ist durch erpresste Zeugenaussagen und ein Gesetz zustande gekommen, das nur erlassen wurde, um mich zu verderben. Nennt ihr das Recht sprechen? Ich bin eine freie Königin des Auslands. Mich können nur meinesgleichen, nur Könige richten. Elisabeth kann mich ermorden lassen, aber richten kann sie mich nicht.«
Obwohl Elisabeth die Macht über ihre Rivalin besitzt, empfindet auch sie sich als Gefangene. Da sie sich ihrem Volk und der öffentlichen Meinung verpflichtet fühlt, hat sie Angst, unpopuläre Entscheidungen zu treffen. Würde das Volk sie nicht verwünschen, wenn sie die katholische Maria hinrichten ließe? Oder fordert man doch gerade den Kopf dieser

Andersgläubigen, die Unfrieden ins Land bringt? Auch die Berater Elisabeths sind über diese Fragen uneins. Der unerbittliche Burleigh sähe das Haupt der Stuart lieber heute als morgen fallen. Er erinnert seine Königin daran, dass Maria in England noch viele heimliche Verehrer des »römischen Götzendienstes« besitze und diese immer neue Mordanschläge planten: »Kein Friede ist mit ihr und ihrem Stamm! Du musst den Streich erleiden oder führen. Ihr Leben ist dein Tod! Ihr Tod dein Leben!«

Gegen diese harte, unversöhnliche Position wendet sich der greise Graf von Shrewsbury, Talbot. Er wirbt um Verständnis für Maria und empfiehlt, sie zu begnadigen. »Du selbst musst richten, du allein«, mahnt er Elisabeth. »Deine Entscheidung ist frei, wenn du nur willst. Weder das Volk noch das Parlament können dir das Urteil vorschreiben. Sei milde, sei nachsichtig mit deiner Gefangenen.« Elisabeths intimster Berater Graf Leicester indessen nimmt wieder eine andere Haltung ein. Er taktiert und operiert sehr vorsichtig und ist dabei ängstlich auf seine eigene Stellung bedacht. Zwar hat er im Staatsrat für Marias Tod gestimmt, hier, im engeren Kreis, empfiehlt er jedoch ihre Schonung: »Sie soll leben, denn eigentlich ist sie doch schon tot. Geächtet, verachtet, vergessen. Wozu Mitleid mit ihr wecken? Sie lebe, aber unterm Beil des Henkers.«

Elisabeth nimmt die Meinungen und Ratschläge entgegen, behält sich aber die Entscheidung vor, immer noch zweifelnd und fürchtend. In dieser Situation kommt ihr Mortimers Besuch gerade recht, der ihr von Sir Paulet, der noch immer nichts von der geheimen Neigung seines Neffen weiß, als entschiedener Gegner der schottischen Königin vorgestellt wird. Mortimer präsentiert sich als Spion in den Reihen der katholischen Feinde und heuchelt bedingungslose Loyalität für England und seine Königin.

Elisabeth lässt sich durch diese Maske täuschen und versucht, ihn unter vier Augen zum heimlichen Mord an Maria anzustiften: »Ewig dankbar wär ich dir, wenn du mich eines Morgens mit der Nachricht wecken würdest, meine blutige Feindin sei tot.« Zum Schein verspricht Mortimer ihr, den Mordauftrag zu erfüllen, doch tatsächlich ist sein Wunsch, Maria zu retten, nur bestärkt worden. Er verachtet die Intrigen Elisabeths, ihre Machtspiele und ihre Unfähigkeit zur Liebe. Elisabeths kühle, männlich-harte Persönlichkeit macht ihm Maria noch liebens- und begehrenswerter. Von nun an will er sie nicht nur aus dem Kerker befreien, sondern auch ihr Herz erobern und sie ganz besitzen.

Doch mit diesem Wunsch ist er nicht allein. Er muss Marias Botschaft an Graf Leicester überbringen und findet in ihm einen Rivalen. Die Männer umschleichen sich lauernd und verschlossen, ehe sie Zug um Zug ihre wahren Ansichten preisgeben. Mortimer fragt erstaunt: »Wie kann Maria von Euch Rettung erhoffen? Ihr seid ihr erklärter Feind, außerdem der Günstling Elisabeths. Wie passt das zusammen?« Nachdem Mortimer so seine Maske hat fallen lassen, zeigt nun auch der Graf sein wahres Gesicht und gesteht, dass er Maria einst geliebt habe. Sein Ehrgeiz jedoch ließ ihn darauf hoffen, Elisabeths Liebhaber und Mann zu werden: »Seit zehn Jahren diene ich ihrer Eitelkeit und hab' mich ihren Launen unterworfen. Und plötzlich soll jetzt ein anderer kommen, der König von Frankreich, und mir alle Früchte meines langen Werbens rauben. Ich verliere meine Rechte, ihre Hand und vielleicht auch ihre Gunst. Da erinnerte ich mich an Maria, sah ihr Elend, in das ich sie gestürzt habe. Ich schrieb ihr, schrieb ihr, dass ich hoffe, sie zu retten und zu besitzen.«

Mortimer ist von diesem Wendehals abgestoßen, er verachtet diesen Günstling der Macht. Er wirft ihm Untätigkeit vor und enthüllt seinen Plan, Maria gewaltsam zu befreien. Leicester ist schockiert und fürchtet, in ein Unternehmen verwickelt zu werden, das ihn den Kopf kosten könnte. Er beschwört Mortimer, vorerst nichts zu unternehmen. Stattdessen, so sein diplomatischer Plan, will er die Begegnung zwischen Elisabeth und Maria arrangieren, die sich Maria schon lange gewünscht hat. Stehen sich die Königinnen erst einmal gegenüber, so die allgemeine Überzeugung, kann Elisabeth kaum noch Marias Hinrichtung beschließen. Mortimer ist von diesem Manöver angewidert, dennoch fügt er sich dem älteren Mann einstweilen.

Leicester verliert keine Zeit und macht Elisabeth die Idee schmackhaft, ihre Rivalin durch eine direkte Konfrontation zu demütigen. Verlogen schmeichelt er Elisabeth, umgarnt sie mit Komplimenten und verspricht ihr, dass der Anblick ihrer Schönheit, ihres Adels und ihrer Reinheit die schmachbedeckte und schuldige Stuart endlich am Boden zerstören würde. Nur widerwillig und zögernd lässt sich Elisabeth auf Leicesters Plan ein.

Um das Zusammentreffen der Königinnen wie einen Zufall erscheinen zu lassen, wird Maria im Park von Schloss Fotheringhay Freigang gewährt, während Elisabeth in der Nähe an einer Jagd teilnimmt. Maria, die ihren Kerker lange Zeit nicht verlassen durfte, ist geradezu berauscht von dem kurzen Moment der Freiheit, dem Licht, der weiten Aussicht, als Sir Paulet erscheint und ihr die Königin ankündigt. Die unverhoffte Begegnung lässt sie zittern, frieren, sie fühlt

sich unvorbereitet auf diesen Moment, den sie so lange ersehnt hat und in den sie jetzt gewaltsam hineingestoßen wird. Graf Shrewsbury spricht ihr Mut zu und rät ihr, sich demütig zu zeigen.
Maria hat sich kaum gefasst, da tritt ihr auch schon die Königin mit ihrem Gefolge entgegen. Elisabeth spielt die Überraschte und mustert ihre Cousine voller Geringschätzung. Maria, beinahe taumelnd, stürzend, geht einen Schritt auf Elisabeth zu und wirft sich ihr dann zu Füßen. Doch Elisabeth weicht ungerührt zurück und verweigert ihre Hand. Maria fleht um ihr Mitgefühl, um ihre Gnade. Sie appelliert: »Erinnert Euch daran, dass Tudorblut in unser beider Adern fließt. Lasst Euch rühren, schenkt mir nicht nur diese kalten Blicke.« Elisabeth steht starr, weist jeden Annäherungsversuch zurück und droht: »Eure Anschläge galten meinem Kopf, doch euer Kopf wird fallen.«
Trotz dieser Beleidigung zeigt sich Maria weiter demütig. Sie gibt sogar jeden Herrschaftsanspruch auf das Reich auf: »Regiert in Frieden. Ich bin nur noch ein Schatten der Maria. Aber schenkt mir die Freiheit. Seid gnädig und lasst mich nicht so stehen!« Elisabeth denkt jedoch nicht daran, auf diese Bitten zu hören, und verletzt nun mit perfidem Hass auch die Frau in Maria: »Ist keiner Eurer Mörder mehr unterwegs?

Gebt Ihr Euch endlich geschlagen? Ja, es ist aus mit Euch, niemand will mehr für Euch sterben, denn Ihr tötet Eure Liebhaber wie Eure Männer.« Diese hasserfüllten Angriffe kann Maria nicht hinnehmen, sie glüht vor Zorn und schlägt zurück: »Ihr seid eine Bastardkönigin, das Volk von England ist betrogen. Wenn das Recht regierte, dann würdet jetzt Ihr vor mir im Staube liegen, denn die wahre Königin bin ich.« Mit diesem Zornausbruch hat Maria ihr Todesurteil besiegelt, denn Elisabeth wird ihr diese Attacke niemals verzeihen.

Umso erregter und entschlossener ist nun Mortimer, der Zeuge dieses Streits war. Er beschließt, Maria noch in derselben Nacht zu befreien. Doch er will mehr und sagt dies Maria auch: »Ich rette dich, doch so wahr Gott lebt, ich will dich auch besitzen.« Vor diesem zudringlich liebestollen Retter weicht Maria jedoch erschrocken zurück. Verzweifelt flieht sie aus Mortimers Armen und hat nun jede Hoffnung auf Rettung aufgegeben. Als ein neuer Mordanschlag auf die Königin gemeldet wird, sinken Marias Chancen auf Begnadigung abermals. Der Aufruhr ist groß, überall Geschrei, Gerüchte, Lärm. Doch die Königin lebt. Ein Gefährte Mortimers hat sich zu der Tat hinreißen lassen, und hätte nicht der alte Shrewsbury geistesgegenwärtig den Stoß abgewehrt, wäre die Königin getötet worden.

Für Leicester spitzt sich die Lage nach diesen Ereignissen gefährlich zu. Musste es nicht so aussehen, als hätte er die Königin nach Fotheringhay gelockt, um sie Marias Spott preiszugeben? Und vermutlich würde man ihn auch als Drahtzieher des Attentats beschuldigen. Schon fordert sein Erzfeind Burleigh ihn heraus und verlangt, dass er vor der Königin seine Unschuld beweise. Seine Situation erscheint noch auswegloser, als ihm Mortimer mitteilt, man habe in Marias Papieren einen Brief gefunden, der an ihn geschrieben worden sei. Fieberhaft, beinahe rasend durchwühlt Leicester seine Gedanken. Er steht einen Moment still ... besinnt sich ... hat sich gefasst. Er ruft nach der Wache, die gleich zur Stelle ist: »Verhaftet diesen Staatsverräter, er hat sich gegen die Krone verschworen. Ich melde es der Königin.«

Mortimer ist von dieser Niedertracht überrascht, aber er gewinnt schnell die Fassung zurück. Sein Spiel ist aus, er weiß es. Und noch ehe ihn die Häscher ergreifen können, durchbohrt er sich das Herz.

Doch Leicester hat seinen Kopf noch nicht aus der Schlinge gezogen, zumal Burleigh den Widersacher bei Elisabeth schwer belastet hat. Unverfroren behauptet Leicester deshalb, er sei der Einzige gewesen, der Mortimers Verschwörung aufgedeckt und Marias Befreiung verhindert habe. Da nur Mortimer diese Version hätte Lügen strafen können, kann Leicester das Gegenteil nicht bewiesen werden. Burleigh allerdings ahnt, dass die Wahrheit auf einem anderen Blatt steht: »Graf! Dieser Mortimer starb euch sehr gelegen.«

Ein letztes Mal lässt Elisabeth nun ihre Berater sprechen, die Entscheidung über Maria Stuart muss endgültig fallen. Burleigh drängt im Namen des Volkes auf ihre Hinrichtung, während Graf Shrewsbury Maria erneut verteidigt: »Zittere nicht vor dieser lebenden Maria, die tote hast du zu fürchten. Sie wird vom Grab erstehen und Zwietracht und Rache in deinem Reich säen. Dein Volk wird dich verlassen, niemand wird dir noch zujubeln.« Die Stimme des Volkes ist Elisabeth zuwider, weil sie sich unfrei fühlt und um die öffentliche Meinung wie eine Prostituierte werben muss: »O der ist noch nicht König, der der Welt gefallen muss! Nur der ist's, der bei seinem Tun nach keines Menschen Beifall braucht zu fragen.« Wieder steht sie vor der Frage: Wird das Volk sie feiern oder wird es sie verachten, wenn sie Maria töten lässt? Andererseits will sie sich von diesem ewig drohenden Gespenst ihres Lebens befreien und so ringt sie sich schließlich doch allein zu einer Entscheidung durch: »Meine Furcht soll aufhören, ihr Haupt muss fallen. Ich will Frieden haben! Sie ist die Furie meines Lebens!« Und rasch unterzeichnet sie das Todesurteil. Doch gleichwohl achtet sie darauf, dass sie die Verantwortung für den Mord an Maria jemand anderem zuschieben kann. Die politische Kunst, einen Sündenbock zu finden, beherrscht sie meisterhaft. Sie händigt dem unerfahrenen Staatssekretär Davison das Urteil aus, ohne ihm deutlich zu sagen, ob er es bewahren oder weiterleiten soll. Davison fleht: »Sprich, Königin, was soll ich mit der Schrift machen?« Elisabeth weicht aus: »Ich will Ruhe haben.« Der Staatssekretär erneuert seine Bitte: »Nennt mir meine Pflicht. Was soll ich mit der Schrift machen?«

»Unerträgliche Belästigung. Tut, was eures Amtes ist.« Mit diesen Worten lässt Elisabeth Davison einfach stehen und geht. Vollkommen konfus wendet er sich an Burleigh, um ihn um Rat zu fragen, doch der reißt ihm triumphierend das Urteil aus den Händen und ordnet die Vollstreckung an.

Maria trägt die Nachricht von ihrer Verurteilung mit großer Fassung und beginnt, sich von ihrer treuen Dienerschaft zu verabschieden. Sogar ihr alter Haushofmeister Melvil ist eingetroffen, um sie noch einmal zu sehen. Dieser ist es auch, der Marias letzten

Wunsch erfüllen kann: dass ein Priester ihres eigenen Glaubens ihr die letzte Beichte abnimmt. Zu diesem Zweck hat Melvil eigens die sieben Priesterweihen empfangen und ist nunmehr ermächtigt, ihr die Absolution zu erteilen. Noch einmal beichtet sie, dass sie einst ihren Gatten ermorden ließ und den Mörder heiratete. Mevil fragt sie eindringlich, ob sie nicht auch an den Anschlägen gegen Elisabeth beteiligt gewesen sei, doch in diesem Punkt ist Marias Gewissen rein: »Nie hab ich das Leben meiner Feindin mit Vorsatz angetastet, meine Beichte ist vollendet.«

Dann erscheint der Sheriff mit seinen Männern, um sie zum Richtplatz zu führen. Der Henker wartet. Auf ihrem Weg zum Schafott begegnet sie dem treulosen Leicester. Ihm gelten ihre letzten Worte: »Lebt wohl, und wenn Ihr könnt, lebt glücklich! Ihr durftet um zwei Königinnen werben, und mein zärtlich liebendes Herz habt Ihr verschmäht. Kniet zu den Füßen der Elisabeth! Möge Euer Lohn nicht Eure Strafe werden! Lebt wohl!«

Erst in diesem Moment erkennt der Graf, was er an Maria verloren, welche Schuld er auf sich geladen hat. Er versucht, sich fest und kalt zu geben, doch das Grauen packt ihn, die nackte Angst reißt ihn mit sich fort. Sein fester Vorsatz, ihre Hinrichtung äußerlich unbewegt anzusehen, um sich nicht einem neuen Verdacht auszusetzen, scheitert. Er bleibt auf dem Weg zum Blutgerüst kraftlos zurück, und als er das Beil auf den Richtblock schlagen hört, fällt er in Ohnmacht.

Voller Ungeduld wartet Elisabeth unterdessen im königlichen Palast auf die Vollstreckung des Urteils an der Rivalin. Gegenüber Shrewsbury, der ihr neue Hinweise auf Marias Unschuld überbringt, spielt sie jedoch Komödie. Sie lässt Davison rufen und gibt sich böse überrascht und enttäuscht, dass ihr Hinrichtungsbefehl nicht mehr in seinen Händen ist. Und als die Nachricht von Marias Tod eintrifft, wälzt sie skrupellos alle Verantwortung auf Davison und Burleigh. Sie ordnet Davisons sofortige Verhaftung an und tadelt Burleigh entschieden.
Elisabeth ist eine Meisterin darin, ihr wahres Selbst hinter schönem Schein zu verstecken. Nur so glaubt sie, die öffentliche Meinung erfolgreich manipulieren zu können. Nur der kluge Shrewsbury durchschaut ihr Spiel. Deshalb lehnt er ihren Wunsch, fortan ihr engster Berater und Führer zu sein, ab und zieht sich aus dem Hofdienst zurück. Dass ihre kalten Machtspiele sie einsam gemacht haben, erfährt Elisabeth in diesem Augenblick mit aller Härte. Als sie Leicester rufen lässt, wird ihr gemeldet: »Der Lord lässt sich entschuldigen, er ist zu Schiff nach Frankreich.«

Spickzettel »Maria Stuart«

Gattung: Drama

Entstehungsdatum: 1800 (Uraufführung), erschienen 1801

Ort der Handlung: England (englischer Hof)

Zeitpunkt der Handlung: 16. Jahrhundert, Oktober 1586-1587

Gedankengut der literarischen Epoche: Weimarer Klassik

Themenbereiche/Ansatzpunkte zur Interpretation:

- Konflikt zwischen Verstand und Gefühl
- Konflikt zwischen Katholiken und Protestanten
- Konflikt zwischen Schein und Sein
- Konflikt zwischen Innerlichkeit und Äußerlichkeit
- Antagonismus zwischen Emotionalität und Rationalität (Maria und Elisabeth)
- Antagonismus zwischen öffentlichem Menschen (Elisabeth) und moralischem Handeln (Maria) (Moral ist nur durch Rückzug in die Innerlichkeit möglich)
- Frage der Übereinstimmung von innerer Haltung und sichtbarer Handlung (= Authentizität) → Maria als Vertreterin
- Frage der freien Selbstbestimmung und Selbstvollendung/Totalität
- Frage des Verhältnisses zwischen persönlicher Freiheit und den Bedürfnissen aller

Die Jungfrau von Orleans

Geschichten, die der Himmel schreibt, liest nur das Herz. Wer keines spürt, dem bleiben sie verborgen. Einst tobte zwischen England und Frankreich ein Krieg, der länger dauerte als alle Kriege. Man nennt ihn deshalb den Hundertjährigen Krieg. Zu dieser Zeit lebt in einem kleinen französischen Dorf der reiche Bauer Thibaut d'Arc mit seinen Töchtern Margot, Louison und Johanna. Noch herrscht Frieden in dem beschaulichen Tal, doch der Krieg kommt immer näher und die siegreichen Engländer treiben die entmutigten Franzosen vor sich her. Die Nachrichten von der Not des französischen Königs Karl, dessen Vetter, der Herzog von Burgund, sich mit den Feinden verbunden hat, haben Thibauts Familie längst erreicht. Vater Thibaut ist deshalb froh, seine Töchter Margot und Louison verheiraten zu können, denn in Kriegszeiten, so seine Überzeugung, brauchen Frauen einen Beschützer. Johanna jedoch will davon nichts wissen, sie kann sich selbst beschützen. Schon als Hirtin hat sie tapfer allein mit den stärksten Wölfen gekämpft und niemanden zu Hilfe gerufen. Des-

halb lehnt sie Raimond, den ihr der Vater zum Bräutigam bestimmt hat, ab.
Als der Landmann Bertrand aus der Stadt zurückkommt und Raimond und Thibault von einer seltsamen Begebenheit erzählt, zeigt sich, für welche Rolle sie sich bestimmt fühlt. Ein fahrendes Zigeunerweib hatte sich Bertrand entgegengestürzt und wollte ihm einen Kriegshelm aufdrängen. Obwohl er barsch ablehnte, vor ihr durch alle Gassen floh, er konnte sie nicht abhängen. Schließlich lag der Helm unversehens in seinen Händen, das Weib jedoch war plötzlich wie von Zauberhand verschwunden.
Johanna, die seiner Erzählung aufmerksam zugehört hat, entreißt ihm den Helm: »Mein ist der Helm, zu mir gehört er.« Raimond und Thibaut sehen sich erstaunt an, doch Johanna ist unbeirrt. Sie setzt den Helm auf, sie hat ihre Aufgabe gefunden, sie muss Frankreich als Kriegerin retten: »Der Retter naht, er rüstet sich zum Kampf. Vor Orleans soll das Glück des Feindes scheitern. Er wird besiegt, und eine zarte Jungfrau wird ihn vertreiben.« Vater Thibault schüttelt missbilligend den Kopf, ihm ist das Verhalten seiner Tochter unheimlich, doch Johanna ist sich ihrer Sache gewiss. Und da sie ahnt, dass sie nie mehr zurückkehren wird, nimmt sie Abschied von ihrer Heimat: »Lebt wohl ihr Berge, ihr stillen Täler. Niemals kehre ich zu-

rück. Keinen Mann darf ich lieben, kein Kind gebären, denn mir hat der Himmel ein Zeichen geschickt. Er sendet mir den Helm, er kommt von *ihm*. Denn ich bin auserwählt, die Feinde Frankreichs zu besiegen. Es treibt mich in den Kampf, es reißt mich fort.«

Im Hoflager König Karls haben sich unterdessen Resignation und Depression breitgemacht. »Wie soll man einen Feind besiegen«, ereifert sich Dunois, der Prinz von Orleans, »wenn der König sich mit Komödianten, Gauklern und seiner Freundin vergnügt, anstatt zu kämpfen?« Schon haben einige Heerführer Karl verlassen, da er untätig ist und den Soldaten keinen Sold mehr zahlen kann. »Besorgt mir Geld«, fordert Karl seinen Offizier Du Chatel auf, doch der schüttelt nur den Kopf. Der Königsschatz ist aufgebraucht, mit einem Wort, der König ist bankrott. Auch die Ratsherren der belagerten Stadt Orleans, die sich dem König jetzt Hilfe suchend zu Füßen werfen, können von diesem lethargischen Mann nichts mehr erwarten. Nur Agnes Sorel, die Geliebte des Königs, hält noch zu ihm und versucht, ihn wieder aufzurichten. Sie ist bereit, ihren kostbaren Schmuck zu verkaufen, damit das Heer wieder bezahlt werden kann. Von diesem Opferwillen hingerissen, schöpft der König neue Hoffnung. Optimistisch erinnert Karl die Anwesenden daran, dass ihm einst eine Nonne weissagte, eine Frau werde ihn zum Sieger über seine Feinde machen und für ihn die Königskrone erkämpfen.

Kaum jedoch hat Karl seine Depression abgeschüttelt, als ihn neue katastrophale Nachrichten erreichen. Sein Offizier La Hire kommt von einer Erkundungsfahrt zurück. Karls feindlicher Vetter Burgund lehnt alle Verhandlungen ab und das Parlament in Paris hat ihn seines Thrones enthoben. Schlimmer noch, der junge Harry Lancaster ist als König eingesetzt und Karls eigene Mutter, die Königin Isabeau, und der Herzog von Burgund haben den Knaben als König anerkannt und ihm gehuldigt. Und als wäre dies nicht Schmach genug, hat die Königin Isabeau ihren Sohn in aller Öffentlichkeit als Missgeburt verhöhnt.

Unter diesen neuen Schicksalsschlägen bricht Karl zusammen, er will abdanken: »Es ist genug Blut geflossen. Ich hab' getan, was ich konnte. Ich kann nicht mehr und entsage nun dem Thron.« Jetzt platzt dem tapferen Dunois der Kragen, für diesen königlichen Waschlappen will er nicht länger kämpfen. Er kündigt ihm die Gefolgschaft auf und geht. Nur ein Wunder könnte dem König noch helfen. Aber niemand wagt, darauf zu hoffen.

Dennoch geschieht das Wunder. Man hört Jubel, einige schreien: »Sieg, der Sieg ist unser.« La Hire meldet einen Boten, der sensationelle Neuigkeiten bringt. Noch ganz außer Atem tritt der Ritter Raoul vor den König und schildert den Kampf mit den Engländern: »Wir waren hoffnungslos eingeschlossen, vor uns der Feind und hinter uns, in großer Überzahl. Schon warfen einige die Waffen zu Boden, als eine Jungfrau, wie eine Kriegsgöttin so schön und so schrecklich, herbeistürmte und uns zum Kampf aufrief. Sie griff sich eine Fahne und ging uns voran, dem Feind entgegen. Und so wie uns plötzlich Mut ergriff und neue Kraft durchströmte, wurden die Feinde von Entsetzen gelähmt und flohen mit Geschrei. Zweitausend Engländer ließen ihr Leben, wir verloren keinen Mann.«

»Wo ist dieses wunderbare Mädchen? Und wer ist sie?«, fragt Karl. »Sie nennt sich eine von Gott gesandte Seherin«, erwidert Raoul, »und sie ist auf dem Weg zu dir.« Schon hört man das Volk Johanna zujubeln, als sich Karl eine Prüfung ausdenkt. Er stellt sich abseits und Dunois muss sich auf den Königsthron setzen. »Wenn dies Wundermädchen wirklich von Gott gesandt ist, wird sie mich erkennen. Wir wollen sehen!«

Da betritt auch schon Johanna den Saal, voller Erwartung richten sich alle Augen auf sie. Dunois spricht sie an, doch Johanna zögert keinen Augenblick, wendet sich dem König zu und beugt das Knie vor ihm. Alle ergreift ein tiefes Staunen. Wie kann sie den König

kennen, obwohl sie ihn zuvor noch nie gesehen hat? Die Verwunderung wird noch größer, als die Jungfrau mit dem Kriegshelm ihre Geschichte erzählt. Ohne Scham und selbstbewusst berichtet Johanna, woher sie stammt und was sie an den Hof führt: »Drei Nächte nacheinander zeigte sich mir die Mutter Gottes und rief mich auf zum Kampf gegen die Feinde. Eine reine Jungfrau, verkündete sie mir, wird die Feinde vertreiben, wenn sie der irdischen Liebe widersteht. Sie mahnte mich, ein Schwert und eine Fahne zu nehmen, für euch zu fechten und euch zum König zu krönen. Deshalb steh ich hier.«
Alle sind von Johannas göttlicher Mission ergriffen, beeindruckt von ihrer Würde, gerührt von ihrem Los. Als sich in diesem Moment der Ergriffenheit ein Bote des Feindes melden lässt, überlässt es Karl der Jungfrau, ihm zu antworten: »Geht, verlasst schnell dieses Land. Mich hat ein Gott geschickt, um gegen euch zu kämpfen. Also geht, oder ihr geht unter!« Mit diesen Worten ergreift Johanna die Fahne und führt die königlichen Truppen in den Kampf.

Im Lager der Engländer herrschen derweil Konfusion und Chaos. Einige glauben, Johanna sei ein Geschöpf der Hölle, andere halten das für Unsinn, aber alle schämen sich, vor einer Frau geflohen zu sein. Es kommt zum Streit zwischen den Anführern. Der Herzog von Burgund und die englischen Heerführer Lionel und Talbot schieben sich gegenseitig die Schuld zu. »Eure Truppen flohen zuerst«, beschuldigt Talbot den Burgund, doch der Franzose streitet ab: »Alle flohen, auch eure Soldaten.« Immer heftiger streiten sich die Engländer und der Franzose, sie beleidigen sich und schließlich droht der Herzog von Burgund, das gemeinsame Bündnis gegen den französischen König zu verlassen.

Doch im letzten Moment wird er von Königin Isabeau zurückgehalten, die von ihrer Skrupellosigkeit und Machtgier ins Heerlager der Engländer getrieben wurde. Dass sie ihren eigenen Sohn verflucht und gegen ihn kämpft, befremdet selbst die feindlichen Engländer. Nur mit äußerster Mühe und Überredungskunst gelingt es ihr, den Bruch der zerrütteten Koalition zu verhindern. Sie erinnert daran, dass beide Seiten aufeinander angewiesen sind, um die Macht zu sichern. Zähneknirschend umarmen sich Talbot und Burgund, fürs Erste ist ihr Konflikt beigelegt. Nur in einer Sache sind sie sich einig. Die Königin muss das Lager verlassen. Mit ihrer Härte und der Sucht, sich überall einzumischen, stört sie die Männer, die sich von einer Frau nicht befehlen lassen wollen. Talbot fordert: »Geht, geht mit Gott, Madame. Wir fürchten uns vor keinem Teufel mehr, sobald ihr weg seid.« Voller Stolz, mit erhobenem Haupt, verlässt die Königin die Männer: »Die Welt mag von mir halten, was sie will. Ich bin, wie ich bin.«

Nachdem die Königin gegangen ist, wenden sich die Heerführer wieder ihren taktischen Erörterungen zu und beschließen, bei Tagesanbruch zum Gegenangriff überzugehen. Hätten sie gewusst, wie nah der Feind schon ist, hätte niemand mehr an Schlaf gedacht. Denn im Schutz der finsteren Nacht hat Johanna die französischen Truppen unbemerkt ins Lager der Engländer geführt. Zu spät schlagen die Wächter Alarm, schon blitzen die Schwerter der Angreifer, schon setzen die Fackeln die Zelte in Brand. Mit ihrem Schlachtruf »Gott und die Jungfrau« stürzt Johanna voran und die englischen Soldaten fliehen panisch. Niemand, den sie einmal ins Auge gefasst hat, entgeht ihrem rasenden Schwert. Auch Montgomery nicht, der, von Angst geschüttelt, um sein Leben fleht. Doch Johanna erhört seine Bitten nicht: »Mich treibt eine Göttin, ich muss kämpfen und töten.« Als Montgomery merkt, dass er keine Gnade erwarten kann, greift er an, doch Johanna tötet ihn mit einem schnellen Stich.

Voller Mitleid blickt Johanna auf den Toten, doch sie spürt den Willen der Göttin in sich, die ihren Arm lenkt und ihm unermessliche Kraft verleiht. Ihr bleibt kaum Zeit, sich zu besinnen, da im Getümmel der Schlacht schon der nächste Ritter auf sie eindringt. Es ist der Herzog von Burgund, der jetzt sein Schwert drohend hebt. Bevor er allerdings angreifen kann, stellen sich ihm La Hire und Dunois in den Weg. Auge in Auge stehen sich die feindlichen Brüder gegenüber, bereit, sich zu töten. Schon greift Burgund den Dunois an, der Franzose gegen den Franzosen, als plötzlich Johanna ihre Stimme fest und klar erhebt: »Steht still! Hört zu! Ich muss mit dem Herzog reden!« Die Männer sind wie erstarrt. Johanna wendet sich an Burgund: »Wir alle sind Franzosen. Dein Hass richtet sich gegen dich selbst, denn wir sind bereit, dich zu verehren. Sieh dich um, die Engländer sind geschlagen, der Himmel ist für Frankreich.«

Burgund ist ergriffen, sein Arm wird immer schwerer, das Schwert sinkt, doch ist diese wundersame Jungfrau nicht vielleicht ein teuflischer Geist? Johanna zerstreut seine letzten Zweifel: »Ist der Teufel für den Frieden, für Vernunft? Ist es nicht der Himmel, der die gerechte Sache will und mich deshalb schickt, euch zu versöhnen?« Tränen der Rührung treten Burgund in die Augen, er lässt das Schwert fallen und öffnet seine Arme. »Er weint, er ist bezwungen, er ist unser«, jubelt Johanna. Versöhnt fallen Dunois und La Hire dem neuen Verbündeten und Heimkehrer in die Arme.

Die Wunder, die Johanna als Kriegerin und Diplomatin vollbringt, nehmen kein Ende. Als der Herzog von Burgund in das Hoflager des Königs zu Chalon einzieht, wird er mit allen Ehren empfangen und Karl schließt seinen Vetter gerührt in die Arme: »Alles ist verziehen, alles löscht dieser Augenblick aus!« In dieser Stimmung gelingt es Johanna sogar, Burgund zu überzeugen, Du Chatel, dem Mörder seines Vaters, zu verzeihen. Nichts scheint unmöglich für sie, alle betrachten sie mit Ehrfurcht. Geradezu religiöse Verehrung wird der Jungfrau zuteil, als sie wie eine Prophetin die Zukunft des französischen Königshauses vorhersagt.
Da steht Johanna, im Glanz ihres Ruhms und Erfolgs, schön, stark – und begehrenswert. Die edelsten und tapfersten Männer wünschen sie deshalb zur Frau. Dunois und La Hire treten beide vor den König und Johanna hin und halten um ihre Hand an. Gespannt blicken alle auf sie und Karl fordert sie auf, ihr Herz sprechen zu lassen. Johanna schweigt, errötet, bleibt stumm. Agnes Sorel bittet sich Bedenkzeit für die Jungfrau aus, doch da, der König hat schon akzeptiert und will gehen, beginnt Johanna zu reden: »Ihr Kleingläubigen! Seht ihr nicht den Himmel in mir? Bin ich für euch nur eine Frau, die man heiraten will? Ich bin zu einem andern Werk berufen, und nur als Jungfrau

kann ich es vollenden. Ich bin die Kriegerin des höchsten Gottes, und niemals werd' ich Gattin sein. Es wäre besser, ich wäre nie geboren, wenn mich die Neigung zu einem irdischen Mann erfasst.«
Der Kriegsruf der Trompeten kommt Johanna in diesem Augenblick sehr recht. Der Feind hat die Marne überschritten und sein Heer zur Schlacht aufgestellt. »Schlacht und Kampf!«, ruft Johanna begeistert aus. »Jetzt ist meine Seele wieder frei von euren Banden.«

Sobald Johanna die Fahne ergreift und gegen den Feind anrennt, ist dieser schon verloren. Wie ein Orkan wirbelt sie die gegnerischen Reihen durcheinander, Ströme von Blut fließen. Auch Talbot, der englische Anführer, ist auf den Tod verwundet. Mit letzter Kraft schleppt er sich unter einen Baum, um zu sterben. Seine letzten Worte klingen bitter: »Bald ist's vorüber, und von dem mächtigen Talbot bleibt nichts übrig als eine Hand voll Staub. Die einzige Ausbeute, die wir aus dem Kampf des Lebens wegtragen, ist die Einsicht in das Nichts und herzliche Verachtung alles dessen, was uns erhaben schien und wünschenswert.«
Während Talbot seine Augen für immer schließt, trifft Johanna auf einen gespenstischen Ritter in schwarzer Rüstung. Sein Visier ist geschlossen, seine Stimme ist unheimlich. Er warnt: »Begnüge dich mit

deinem Ruhm. Geh in keinen Kampf mehr!« Da hebt die Jungfrau ihr Schwert gegen den schwarzen Ritter, doch der berührt sie nur leicht mit der Hand und sie erstarrt. »Töte, was sterblich ist!«, ruft er ihr zu und versinkt mit Blitz und Donnerschlag in der Erde. Was war das für ein Wesen? Himmel oder Hölle? Was für ein Zeichen?

Johanna hat kaum Zeit, sich Gedanken zu machen, als sich ihr Lionel entgegenstellt: »Kämpfe, Verfluchte! Ich bin der letzte Fürst meines Heeres und noch unbesiegt.« Doch weder seine großen Worte noch die gewaltigen Schläge nützen Lionel, rasch hat ihm die Jungfrau das Schwert aus der Hand geschlagen. Sie hebt schon das Schwert zum Todesstreich, als ihr Blick auf sein Gesicht fällt. Sie ist gefesselt, unfähig, jetzt noch zu töten. Hat sich die Jungfrau verliebt? »Geh fort von hier«, befiehlt sie ihm mit schwacher Stimme. »Warum tötest du mich nicht wie alle anderen? Ich hasse dich und dein Geschenk!« Johanna ist erschüttert. »Flieh, rette dich!«, beschwört sie den Engländer. Doch Lionel weigert sich, er kann ihr rätselhaftes Verhalten nicht deuten. Mitleid überkommt ihn, als er sieht, wie sich Johanna quält und sich selbst bezichtigt: »Was hab ich getan? Mein Gelübde hab ich gebrochen!«

Die einst so furchtlose Jungfrau hat nun gar nichts

Kriegerisches mehr an sich. Plötzlich spürt er tiefe Zuneigung zu ihr in sich erwachen. Doch das seltsame Mädchen stößt ihn gewaltsam zurück und verweigert ihm das erhoffte Wiedersehen. Erst als Lionel ihr das Schwert entreißt und die Franzosen sich nähern, flieht er: »Jetzt sehen wir uns wieder!« Ohnmächtig wird Johanna auf dem Schlachtfeld gefunden.

Die Feinde sind vertrieben, die Franzosen wieder vereint, König Karl wird zu Reims gekrönt. Könnte Johanna jetzt nicht glücklich sein? Von überall her strömt das Volk in die Stadt, um den Sieg und den König zu feiern. Selbst Johannas Vater Thibaut, die Schwestern und ihr einstiger Verlobter Raimond sind gekommen, um die ruhmreiche Kriegerin wiederzusehen. Doch die Jungfrau leidet, ihr Herz ist schwer und ihre Gedanken wandern unruhig zu Lionel, dessen Gesicht sie nur für einen Moment sah. Blass und verstört führt Johanna den Krönungszug durch die Straßen an, unglücklich, weil sie glaubt, ihr Gelübde gebrochen zu haben. Nie, so klingt es ihr grausam in den Ohren, hätte ich Zuneigung für ihn empfinden dürfen, nie, niemals. Als in der Kathedrale die Orgel ertönt, stürzt Johanna voller Schrecken hinaus und trifft auf ihre Schwestern Louison und Margot. Verzweifelt wirft sie sich ihnen entgegen: »Kommt, lasst

uns fliehn. Ich muss fort von hier. Wie eine Magd will ich euch dienen, um zu büßen.«
Doch sie wird durch den König unterbrochen, der aus der Kathedrale kommt und sich ihr zuwendet: »Sprich! Womit können wir dich glücklich machen, oder bist du etwa eine Göttin, die wir anbeten müssen?« Gespannt wartet das Volk auf ihre Antwort, doch Johanna erblickt ihren Vater und schreit entsetzt auf. Thibaut drängt sich vor und spricht zum König: »Du bist betrogen, denn Teufelskunst hat dich errettet!« Betroffen weichen alle zurück, das Volk verstummt und steht still. »Meine Tochter hat sich dem Teufel verkauft, nur um diesen Ruhm zu erlangen. Gott hat sie nicht geschickt.« Alle warten auf Johannas Antwort, doch sie bringt kein Wort heraus und starrt nur auf den Boden. Als Dunois sie verteidigen will, fährt ein heftiger Donnerschlag vom Himmel. Noch immer schweigt sie. Thibault fordert: »Sag, dass ich lüge, wenn du kannst.« Noch stärker rollt jetzt der Donner, Panik macht sich breit, Gott selbst scheint sein Urteil über Johanna gefällt zu haben. Alle fliehen nun vor ihr, denn niemand will mehr in der Nähe dieser Hexe bleiben. Selbst Dunois, der bis zuletzt an ihrer Seite bleibt, verlässt sie, als sie ihn abwehrt. So bleibt nur noch Raimond, der sie an die Hand nimmt: »Komm, lass uns schnell gehen.« Erst

jetzt zeigt Johanna wieder ein Lebenszeichen. Sie ergreift seine Hand und flieht mit ihm aus der Stadt.

Die Engländer schöpfen neue Hoffnung, als sie hören, dass Johanna verbannt wurde, und ziehen erneut gegen die Franzosen ins Feld. Währenddessen irren Johanna und der treue Raimond drei Tage lang umher, ohne einem Menschen zu begegnen. Doch unverhofft wird ihr Weg von Königin Isabeau und einem Trupp englischer Soldaten gekreuzt. Furchtsam und eingeschüchtert blicken sich die Soldaten an. Niemand hat bisher den Kampf mit der Jungfrau überlebt, sie verbreitet Angst und Schrecken. Nur Königin Isabeau zeigt Mut und befiehlt den ängstlichen Männern, Johanna festzunehmen. Raimond gelingt im letzten Moment die Flucht, Johanna jedoch lässt sich, ohne Widerstand zu leisten, gefangen nehmen. Erst als sie hört, dass sie zu Lionel gebracht werden soll, wehrt sie sich heftig, allerdings ohne Erfolg. Das erneute Zusammentreffen mit dem Mann, den sie so fürchtet, kann sie nicht mehr verhindern.
Obwohl das Volk Johannas Kopf fordert und auch die Königin Isabeau für ihren Tod plädiert, hält Lionel zu ihr. Er ist in wilder Liebe entbrannt und will ihre Hand: »Dein Volk hat dich verstoßen, und keinen Freund besitzt du mehr. Sei die Meine, und ich be-

schütz dich vor der ganzen Welt.« Johanna widersteht seinen Versprechungen: »Du bist mein Feind, niemals werde ich dich lieben.«
Ihr Gespräch wird jäh unterbrochen. Die Franzosen greifen unter der Führung ihres Königs Karl an, um Johanna zu befreien. Lionel eilt in die Schlacht. Noch einmal wendet er sich der geliebten Frau zu: »Gib mir dein Wort, dich nicht zu befreien.« Stolz erwidert sie: »Mein einziger Wunsch ist Flucht.« Johanna bleibt unter schwerer Bewachung zurück. Dennoch lässt sie die Königin in schwere Ketten legen, die dreifach um ihren Körper gewickelt werden. »Und sollten wir unterliegen«, droht Isabeau mit dem Dolch in der Hand, »dann wirst du unseren Fall nicht überleben.«
Hat der Himmel Johanna verlassen? Da steht sie nun ohnmächtig, gefesselt und kann nur hören, wie der Kampf verläuft. Denn selbst der Blick aufs Schlachtfeld ist ihr verwehrt. Ihre Qual wird gesteigert, als sie tatenlos mitanhören muss, wie Dunois schwer verwundet und der König, dessen Pferd gestürzt ist, von Feinden umzingelt wird. Das französische Heer beginnt sich zurückzuziehen und die Engländer gehen zum Gegenangriff über. In dieser höchsten Not fleht Johanna zum Himmel und bittet Gott, ihre Ketten zu sprengen. »Hurra«, ertönt der Jubel eines Engländers, »wir haben den König gefangen!« Johanna hält es nun

nicht länger, sie springt auf, fasst die Ketten mit beiden Händen kraftvoll an und zerreißt sie. Sie entreißt einem Soldaten das Schwert und rennt in den Kampf. Sprachlos vor Entsetzen bleiben Isabeau und die Soldaten zurück.
Stärker, schrecklicher und unwiderstehlicher als jemals zuvor wirft sich Johanna dem Feind entgegen. Die Franzosen schöpfen neue Hoffnung, kehren um und stellen sich wieder dem schon verloren gegebenen Kampf. Schon hat Johanna König Karl erreicht und befreit ihn aus den Händen der Engländer. Niemand kann den Sieg der göttlichen Jungfrau jetzt noch aufhalten, der englische Anführer fällt und seine Truppen laufen in heilloser Angst davon.

Als die Schlacht geschlagen ist, die Toten und Verwundeten bedecken das Feld, wird Johanna gefunden. Ist sie schwer verwundet oder tot? König Karl und sein Gefolge können an ihr kein Lebenszeichen mehr entdecken. Doch plötzlich öffnet Johanna ihre Augen und steht auf. »Ja, kehrt sie aus dem Grab zurück?«, fragt sich Burgund voller Erstaunen. »Wo bin ich?«, fragt Johanna und blickt suchend um sich. »Du bist bei deinem Volk«, entgegnet der König, »du bist heilig wie ein Engel, wir waren nur blind, es zu sehen.« Die Jungfrau greift ihre Fahne, der Himmel beginnt zu leuchten. »Seht ihr den Regenbogen in der Luft? Der Himmel öffnet seine Tore für mich. Hinauf – hinauf – Die Erde bleibt zurück – kurz ist der Schmerz, und ewig ist die Freude!« Die Fahne fällt, Johanna sinkt tot zu Boden.

Spickzettel »Die Jungfrau von Orleans«

Gattung: Drama (romantische Tragödie)

Entstehungszeit: 1801

Ort der Handlung: Frankreich (in der Gegend von Orleans)

Zeitpunkt der Handlung: 100-jähriger Krieg (14.–15. Jahrhundert)

Gedankengut der literarischen Epochen: Weimarer Klassik, Romantik (Aberglaube)

Themenbereiche/Ansatzpunkte zur Interpretation:

- Bearbeitung des historischen Themas der Einigung der Franzosen
- Der Mensch im Spannungsfeld von Pflicht und Neigung (vgl. kategorischer Imperativ/Kant)
- Auseinandersetzung mit der Frage der Gunst Gottes, dem Verlust und dem Wiedergewinn dieser (Paradiesvorstellung)
- Thema der Berufung durch Gott (romantisch religiöse Vorstellung)/Prophetentum
- Der Mensch im Spannungsfeld zwischen Körper und Geist
- Thematisierung der Schicksalsidee

Wilhelm Tell

Diese Geschichte ist hollywoodlike. Sie ist spannend, Action und Liebe kommen darin vor, es gibt einen Schurken und einen strahlenden Helden, mit dessen Hilfe sich schließlich alles zum Guten wendet. Wir gehen siebenhundert Jahre zurück, in die Schweizer Waldstätte Schwyz und befinden uns am Ufer des Vierwaldstätter Sees. Der See liegt still, die Sonne scheint hell auf die Höfe und Dörfer in den grünen Tälern und in der Ferne erheben sich eisbedeckt die Berge – ein Bild wie aus einem Urlaubskatalog, ein paradiesisches Idyll. Doch auf einmal ist es mit dem Frieden vorbei. Donner grollt, ein schwerer Sturm zieht auf, die Fischer bringen rasch ihre Boote an Land und schon ist der Himmel schwarz und drohend.

Da stürzt völlig außer Atem ein Mann heran, sich immer wieder ängstlich umschauend, als ob er verfolgt würde. »Schnell, setzt mich über!«, ruft Konrad Baumgarten dem Fischer Ruodi zu, »ihr rettet mich vor dem Tod!« – »Wer verfolgt euch denn?«, will der Fischer wissen. »Keine Zeit für Erklärungen. Es sind

die Reiter des Landvogts. Ich hab' den Burgvogt mit der Axt erschlagen, weil er meine Frau mit Gewalt bedrängte. Ich bin verloren, wenn ihr mir nicht helft!«
Der Fischer weigert sich: »Es ist zu stürmisch, es kostet uns das Leben!« Niemand will helfen, doch da naht unverhofft Rettung. Der Jäger Wilhelm Tell, der zufällig vorbeikommt, zögert nicht lange, als er Baumgartens Geschichte gehört hat. »Kommt, springt in den Kahn, ich rette euer Leben.«

Tells Hilfe kam gerade zur rechten Zeit, denn schon stürmen die Reiter des Landvogts heran. Als sie sehen, dass Baumgarten die Flucht gelang, rächen sie sich fürchterlich an den Fischern und Hirten, sie brennen ihre Hütten nieder und töten ihr Vieh. »Wann wird diesem Land endlich ein Retter kommen?«, fragt Ruodi klagend.

Tatsächlich sind die Schweizer verzweifelt. Seit je gehörte ihr Land zum Heiligen Römischen Reich Deutscher Nation. Diese alte Bindung garantierte ihnen stets besondere Rechte und Freiheiten. Sie mussten keinem unfreien Landesfürsten dienen, verwalteten sich selbst und waren nur dem Kaiser untertan. Doch von diesen alten Rechten will Kaiser Albrecht von Habsburg, der zugleich Herr über das Römische Reich Deutscher Nation ist, nichts wissen. Seine Vögte dienen offiziell dem Reich, doch tatsächlich unter-

drücken sie die Schweizer und sollen sie Österreich verpflichten. So sollen die Waldstätten Schwyz, Uri und Unterwaiden nach dem Willen des habsburgischen Kaisers dauerhaft zu einem Teil von Österreich gemacht werden. Überall lassen die Vögte deshalb Zwingburgen und Festungen bauen, um die freiheitsliebenden Schweizer zu unterdrücken.
Besonders grausam tut sich dabei der Reichsvogt von Schwyz und Uri Herrmann Gessler hervor, der in Altdorf auf der Herrenburg residiert. Mit immer neuen Schikanen versucht er die stolzen Schweizer zu demütigen. So hat er etwa in Altdorf einen Hut an einer Stange aufhängen lassen und zwingt die Einheimischen, diesem Hut wie dem Kaiser selbst zu huldigen. Niemand darf hier vorbeigehen, ohne sich zu verbeugen und das Haupt zu entblößen.
Bislang haben die Schweizer alles ertragen und geduldet, doch ihr Zorn wächst.
Nachdem Tell die Flucht über den sturmgepeitschten See gelungen war, brachte er den Flüchtling Baumgarten zu Werner Stauffacher, einem aufrechten Mann, der sich mit der Unfreiheit nicht länger abfinden will. Stauffacher drängt Tell, Verbündete zu suchen und den Kampf gegen die Tyrannen gemeinsam aufzunehmen, doch der einsame Jäger will sich zunächst aus allen Verhandlungen heraushalten: »Ein

jeder zählt nur auf sich selbst«, wehrt er Stauffacher energisch ab. »Ich mache nie viele Worte. Braucht ihr mich aber wirklich, dann ruft mich, und ich komme.«
Bereitwilligere Mitstreiter findet Stauffacher im Hause des Walter Fürst, des Schwiegervaters Tells. Hierher hat sich auch Arnold von Melchthal geflüchtet, der sich gegen die Willkür eines Vogtes zur Wehr gesetzt hat. Ihm muss Stauffacher schreckliche Nachrichten überbringen. Weil der Vogt seinen Widersacher Melchthal nicht selbst festnehmen konnte, hat er dessen altem Vater beide Augen ausstechen lassen. Die Erschütterung unter den Männern ist groß. Als Vertreter der drei Waldstätten Uri, Schwyz und Unterwaiden schwören Fürst, Stauffacher und Melchthal, den Freiheitskampf heimlich vorzubereiten: »Wir stehen zusammen auf Leben und Tod! Fallen sollen die Schlösser der Tyrannen.«
Die Empörung über die Reichsvögte ist allgemein, auch der Landadel registriert die Ungerechtigkeit ihrer Politik. Der fünfundachtzigjährige Freiherr von Attinghausen ist ein Mann des Volkes, der mit seinen Knechten den Frühtrunk teilt und stets für die Unabhängigkeit der Schweizer gekämpft hat. Es schmerzt ihn deshalb sehr, dass sein Erbe und Neffe Rudenz sich zur Herrenburg nach Altdorf und zu Österreich hingezogen fühlt. Attinghausen betrachtet seinen

Neffen mit Wehmut: »Leider ist die Heimat dir zur Fremde geworden. In Seide und Purpur kleidest du dich und verachtest den einfachen Landmann. Das ganze Land hasst die Gewaltherrschaft, du aber schlägst dich auf die Seite der Feinde!«
Rudenz kann sich kaum beherrschen: »Das Land leidet? Und warum? Weil es größenwahnsinnig ist und politisch verbohrt. Es wäre klug, auf Österreich zu schwören, denn auf das Reich ist kein Verlass. Und außerdem – ich hab es so satt das Kuhglockengebimmel, die elende Landwirtschaft. Das ist nichts für mich. Ich will in die Welt hinaus, mir Ruhm erstreiten und auf Turnieren glänzen.« Da platzt dem alten und erfahrenen Attinghausen der Kragen: »Bist du so ein Klugscheißer? Weißt alles besser als die Väter? Sieh dir die Länder an, die sich an Österreich gebunden haben. Sie sind verarmt und unfrei. Das willst du? Unser Volk ist mutig, stark. Lerne es wirklich kennen, statt es zu verachten. Geh heute nicht nach Altdorf, bleib bei uns!«
»Lasst mich. Ich gab mein Wort, ich bin gebunden.«
»Wodurch du gebunden bist, weiß ich. Du läufst dem österreichischen Ritterfräulein Bertha von Bruneck hinterher. Ihr willst du imponieren, ihren Reichtum willst du, nur für sie, die auf der anderen Seite steht, sagst du dich von uns los!«

Rudenz sieht seinen Onkel mitleidig an: »Ich hab genug gehört. Mir reichts!«

Attinghausen bleibt sorgenvoll und gedankenverloren zurück: »Das ist eine andersdenkende Generation. Was tue ich noch hier? Alle, mit denen ich gelebt habe, sind tot, und auch meine Zeit liegt wohl unter der Erde.«

Das Bündnis, das Stauffacher, Melchthal und Walter Fürst geschlossen haben, hat inzwischen Kreise gezogen und weitere Anhänger gefunden. Um den Spionen der Vögte zu entgehen, treffen sich die Abgesandten der drei Länder in tiefster Nacht auf dem Rütli, einer im dichten Wald verborgenen Wiese. Die besten und tapfersten Männer der Schweiz sind zugegen, nur der Einzelgänger Tell wird vermisst. Dreißig Männer versammeln sich im Schutz der hohen Felsen, ein Feuer wird entzündet, Fackeln lodern. Obwohl die Beziehungen zwischen den Waldstätten Schwyz, Uri und Unterwaiden nicht immer spannungsfrei waren, in der gegenwärtigen Situation sind sich alle einig. Das uralte Bündnis der Schweizer Stämme wird erneuert und die Abgesandten geloben feierlich: »Wir sind ein Volk, und einig wollen wir handeln.« Stauffacher bringt den Konflikt auf den Punkt: »Wenn kein anderes Mittel gegen die Tyrannenmacht hilft, dann dürfen wir zum Schwert greifen, um unsere Frauen

und Kinder zu verteidigen. Niemals werden wir uns Österreich ergeben.«
Dass der Kaiser kein Ohr und keine Zeit für ihre Nöte hat, berichtet der Landmann Konrad Huhn der Runde: »Ich war in des Kaisers Pfalz, doch seine Räte speisten mich ab, vertrösteten mich. Die Gesandten anderer Länder fanden alle bei ihm Gehör, nur uns wollte man nicht vorlassen.« Walther Fürst meldet sich: »Vom Kaiser kommt keine Hilfe, wir müssen uns also selbst helfen. Wir verjagen die Vögte und stürmen die Schlösser, wenn es geht ohne Blutvergießen.«
»Doch wann wollen wir uns erheben?«, ruft einer in die Runde. Einige wollen schnell zuschlagen, andere wollen noch warten. Nach einigem Streit einigt man sich schließlich darauf, den Aufstand bis zum nächsten Christfest zu verschieben. Als die Nacht weicht und der Morgen graut, schwören alle feierlich den Eid des neuen Bundes: »Wir wollen sein ein einzig Volk von Brüdern, in keiner Not uns trennen und Gefahr. Wir wollen frei sein, wie die Väter waren, eher den Tod als in der Knechtschaft leben.« Alle umarmen sich und gehen still ihres Weges.

Der alte Attinghausen hatte recht: Rudenz ist in Bertha von Bruneck verliebt. Doch hätte er gewusst, auf welcher Seite die junge Frau wirklich steht, er hätte sich keine Sorgen mehr um seinen Neffen gemacht. Auch Rudenz erlebt eine handfeste Überraschung. Bei einer Gebirgsjagd werden Bertha und er vom Rest der Gesellschaft getrennt und Rudenz ergreift die Gelegenheit, ihr ein Geständnis zu machen: »Mein Herz ist voller Treu und Liebe ...«

Aufgebracht unterbricht ihn Bertha: »Dürft Ihr von Liebe und Treue reden, obwohl Ihr Eurem Volk gegenüber treulos seid? Ihr habt Euch an die Unterdrücker verkauft. Ist das Liebe?«

»Ich dachte, Ihr stündet auch auf dieser Seite?«

Bertha schüttelt den Kopf: »Ich steh nicht auf der Seite des Verrats. Ich liebe Euer Volk und leide mit ihm. Ihr aber, der Ihr es schützen solltet, lauft über zum Feind. Steht zu Eurem Volk und kämpft für es. Dann könnt Ihr mein Herz gewinnen.«

Rudenz ist sofort bereit, seinen Standpunkt zu ändern und für das Schweizer Volk zu kämpfen, denn er weiß jetzt, er kämpft auch für seine Liebe.

Noch immer hängt in Altdorf der Hut auf der Stange und niemand will sich vor ihm beugen. Lieber machen die stolzen Schweizer einen weiten Bogen um diesen Platz, als sich demütigen zu lassen. Da kommt Tell des Weges, an der Hand seinen ältesten Sohn Walther, der wie sein Vater ein berühmter Jäger und

Schütze werden will. Seine Frau Hedwig hat ihn besorgt beschworen, heute nicht nach Altdorf zu gehen. Denn noch ist der grausame Reichsvogt Gessler in der Stadt und alle wissen, dass er den selbstbewussten Tell hasst. Aber Tell, der sich seine Wege niemals vorschreiben lässt und seinem Schwiegervater Walther Fürst versprochen hat, ihn zu besuchen, ignoriert die Warnungen seiner Frau Hedwig.

Ohne auf den Hut zu achten, geht Tell mit seinem Sohn Walther an der Stange vorbei. »Halt! Im Namen des Kaisers«, rufen da die Wächter, »Ihr habt die Vorschrift verletzt und müsst ins Gefängnis.« Tell wehrt sich, der Lärm ist groß und rasch laufen die Altdorfer zusammen. Stauffacher, Walther Fürst und Melchthal werden alarmiert und wollen ebenfalls eingreifen. »Lasst ihn gehen, ich bürge für ihn«, bietet Fürst an und der hitzige Melchthal droht: »Wagt es nur ihn abzuführen, wagt es!« Das Geschrei wird immer lauter, ein Gedränge entsteht, die Wachen rufen um Hilfe.

Der Lärm verstummt plötzlich, als ein schwer bewaffneter Reitertrupp auf den Marktplatz sprengt. Es ist Gessler mit seinen Schergen, in seinem Gefolge befinden sich auch Rudenz und Bertha. Gessler heftet seinen Blick auf Tell, fixiert ihn: »Verachtest du deinen Kaiser so sehr?« – »Verzeiht mir, lieber Herr! Es war keine Absicht. Ich bitte Euch um Gnade.«

Ein verschlagenes, böses Funkeln zeigt sich nun in Gesslers Augen: »Man sagt, du bist ein Meister auf der Armbrust. Zeig, was du kannst. Nimm die Armbrust und schieß mir diesen Apfel von dem Kopf deines Knaben. Dann bist du frei.«
Alle sind entsetzt, erschrocken. Das ist monströs, sadistisch. Gessler beharrt: »Du schießt den Apfel von dem Kopf des Knaben, oder du stirbst!«
»Eher sterb ich!«
Auch Bertha bittet Gessler, das grausame Spiel zu beenden, doch der weist sie schroff ab. Als Walther Fürst vor dem Vogt kniet und um Gnade fleht, macht sich Walther Tell bemerkbar: »Großvater, knie nicht vor diesem falschen Mann. Bindet mich! Ich fürchte nicht den Pfeil des Vaters.« Gesslers Knechte legen ihm einen Apfel auf den Kopf und stellen ihn vor einen mächtigen Lindenbaum. »Ans Werk!«, höhnt Gessler.
Tell scheint sich entschlossen zu haben, er legt einen Pfeil auf, greift einen zweiten. Er taumelt, wankt, reißt sich dann das Hemd auf und bittet: »Erlasst mir den Schuss, durchstoßt stattdessen mir die Brust und nehmt mir das Leben.«
Gessler lächelt kalt: »Dein Leben will ich nicht, ich will den Schuss!« Zuletzt greift Rudenz ein und fordert von Gessler, diese Folter endlich zu beenden:

»Ihr habt keine Vollmacht, mein Volk so zu quälen. Ich bin nicht wehrlos«, droht Rudenz, bereit, sein Schwert zu ziehen. Schon wird er von Gesslers Schergen eingekreist, als die Menge plötzlich aufschreit und ein Ruf laut wird: »Der Apfel ist gefallen!«
Während Rudenz und Gessler stritten, hat Tell geschossen. Ungläubig betrachtet Gessler den Apfel, der genau in der Mitte getroffen ist. Der Jubel ist groß: »Das war ein Schuss! Davon wird man noch in den spätesten Zeiten reden.« Schon will das Volk seinen Helden feiern und im Triumph nach Hause führen, als Gessler Tell noch einmal zurückruft: »Tell, höre! Wozu war der zweite Pfeil?«
Tell weicht verlegen aus: »Das ist so Sitte bei uns Schützen.«
»Die Antwort glaub ich nicht. Ich sichere dir dein Leben, wenn du mir die Wahrheit sagst.« Nun erklärt Tell freimütig: »Mit diesem Pfeil hätte ich Euch getötet, wenn ich mein liebes Kind getroffen hätte.«
Wie heimtückisch Gessler ist, zeigt seine Reaktion: »Das Leben hab ich dir zugesichert, deine Freiheit nicht. Bindet ihn! Ich lass dich in den Kerker werfen, wo weder Mond noch Sonne scheinen. Bringt ihn auf mein Schiff. Noch heute soll er außer Landes.« Wer rettet jetzt das Land vor dem Tyrannen? Wer leistet Widerstand? Wird der Aufstand ohne Tell gelingen?

Aus höchster Not helfen manchmal nur Katastrophen und die äußerste Gefahr bringt letzte Rettung. Tell liegt in schweren Ketten auf Gesslers Schiff und blickt trübsinnig hinaus auf den See. Er denkt an seine Frau, an seine Kinder. Wird er sie jemals wiedersehen und je wieder die Sonne auf seinem Gesicht spüren? Der Blick zum Himmel reißt Tell aus seiner Grübelei. Schwarze Sturmwolken schieben sich vor die Sonne, ein schwerer Regen fällt und der Wind zerrt wütend an dem Schiff. Angst greift um sich, die Besatzung weiß sich nicht mehr zu helfen, immer heftiger schlagen die riesigen Wellen an das Schiff. Die Steuerleute sind machtlos, ihr Können reicht nicht aus, um das Schiff durch die aufgewühlten Wassermassen zu lenken. In Todesangst wendet sich der Steuermann an Gessler: »Herr, Ihr seht die Not, wir wissen hier am Rand des Todes nicht mehr weiter. Vielleicht kann der Tell noch helfen, retten, er ist stark und geschickt wie kein anderer!«
Der Vogt denkt nicht lange nach und befiehlt, dem Gefangenen sofort die Ketten abzunehmen. Tell weiß, dass sich ihm nun eine letzte Chance zur Flucht eröffnet. Entschlossen greift er nach dem Ruder und gibt den Ruderleuten Kommandos. Sosehr der Sturm auch tobt, Tell zwingt dem Schiff seinen Willen auf. Er lenkt es in die Nähe des Ufers, wo eine riesige Felsplatte wie

ein Arm in den See hinausragt. »Fahrt hart an den Felsen heran, da haben wir das Schlimmste überstanden!«, ruft Tell den Männern zu. Er macht sich bereit, sammelt seine Kräfte, konzentriert sich. Und als das Schiff den Felsen fast erreicht hat, springt Tell mit einem gewaltigen Satz von Bord, stößt sich ab und schwingt sich auf den Felsen. Ohne Tells meisterliches Können wird das Schiff sofort wieder abgetrieben, ihm aber ist die Flucht gelungen. Doch trotz aller Sehnsucht eilt er jetzt nicht nach Hause, nicht zu Frau und Kind, denn zuerst muss er ein anderes Geschäft erledigen. Und das Geschäft heißt Rache.

Tiefe Niedergeschlagenheit macht sich unterdessen in Altdorf breit. Tell wurde verhaftet und ein anderer wichtiger Mann liegt in den letzten Atemzügen. Der Alte von Attinghausen, der immer sehr eng mit dem Volk verbunden war und sein Leid teilte, stirbt. Alle haben sich um sein Bett versammelt, um ihn in dieser Stunde zu ehren. Als der alte Attinghausen hört, dass sein Neffe Rudenz gegen Gessler aufbegehrt hat und die Landmänner einen Aufstand beschlossen haben, sinkt er getröstet zurück. Mit seinen letzten Worten beschwört er die Einigkeit des auf dem Rütli geschlossenen Bundes: »Haltet fest zusammen! Kein Ort der Freiheit sei dem andern fremd. Seid einig, immer einig ...«

Rudenz kommt zu spät. Attinghausen ist bereits tot. Aber er schwört dem Toten in die Hand, dass er wieder ein Schweizer ist. Und er belässt es nicht bei dem Schwur. Er drängt darauf, nicht mehr länger mit dem Aufstand zu warten, denn nicht nur Tell ist verhaftet, auch Bertha ist von Gessler gewaltsam verschleppt und eingesperrt worden. Die versammelten Männer lassen sich von seinem Tatendrang anstecken, die Zeit für die Tyrannen wird nun knapp.

Tell ist immer ein Einzelgänger gewesen und er bleibt es auch in der einsamsten Stunde seines Lebens. Der Mann, der ihn so gequält und so grausam mit dem Leben seines Kindes gespielt hat, soll nicht mit dem Leben davonkommen. Tell hat sich an einer hohlen Gasse auf die Lauer gelegt, hier muss der Vogt auf dem Weg zu seiner Burg vorbei, denn es führt kein anderer Weg nach Küssnacht. Niemals hätte er gedacht, dass er zu einem Mörder werden könnte, der seinem Opfer kaltblütig auflauert. Aber der Tyrann Gessler hat das Leben seiner Familie bedroht und gegen diese tyrannische Willkür muss er sich wehren. Ja, Tell fühlt sich von Gott selbst zu dieser Tat ermächtigt, denn Gott straft durch ihn die mörderische Lust des Gewaltherrschers.

Da ist plötzlich Pferdegetrappel zu hören, Gessler

und seine Leute nahen. Tell zieht sich hinter einen Baum zurück, spannt den Pfeil in die Armbrust, als sich eine Frau mit ihren Kindern den Reitern in den Weg wirft und den Vogt um Gnade anfleht: »Helft, Herr, die Kinder hungern, und mein Mann sitzt seit sechs Monaten im Gefängnis und wartet vergeblich auf den Richterspruch. Habt Erbarmen!«

»Aus dem Weg, Weib! Schafft mir das freche Volk aus den Augen!« Gessler rast vor Wut und Mitleid kennt er nicht: »Viel zu milde bin ich noch, dieses freche Volk soll mich kennen lernen. Seinen Starrsinn werde ich brechen und neue harte Gesetze will ich –« Da durchbohrt ihn ein Pfeil und Gessler stürzt vom Pferd. »Das ist Tells Geschoss«, ahnt der Getroffene. Jetzt zeigt sich Tell auf der Höhe des Felsens und ruft: »Du kennst den Schützen, suche keinen anderen! Die Hütten sind jetzt frei, und sicher ist die Unschuld vor dir. Du wirst dem Land nicht mehr schaden.«

In allen Waldstätten verbreitet sich die Nachricht von Tells Tat und Gesslers Tod wie ein Lauffeuer. Es ist ein Fanal! Jetzt gibt es kein Halten, kein Zögern mehr! Überall wird der Ruf nach Freiheit laut, die Männer greifen nach den Waffen und ziehen in den Kampf. In Unterwaiden und Schwyz werden die Zwingburgen im Sturm erobert und die Reichsvögte

fliehen Hals über Kopf. Auch in Uri stürzen sich die Männer entschlossen auf die befestigten Burgen, die sichtbaren Zeichen ihrer Unterdrückung und Unfreiheit.
Besonders dramatisch wird der Kampf um das Sarner Schloss, in dem sich auch Rudenz tapfer schlägt. Nachdem die Landleute das Schloss erobert und den Feind vertrieben haben, stecken sie es im Triumph in Brand. Schon schlagen die Flammen zum Himmel hoch, schon stürzen die verkohlten Balken ein, als Melchthal und Rudenz plötzlich Hilfeschreie hören. Es sind die verzweifelten Rufe Berthas, die Gessler hier hat einsperren lassen. Ihre Rettung scheint kaum noch möglich, beißender Qualm und Hitze machen das Atmen unmöglich. Trotzdem stürzt sich Rudenz todesmutig in die Flammen, um die Geliebte zu retten. Und was kaum noch jemand zu hoffen wagt, er schafft es und trägt Bertha auf seinen Armen aus dem Inferno.

Der Triumph ist groß, die Erleichterung gewaltig. Die Reichsvögte sind vertrieben, ihre Festungen zerstört. Doch auch Sorgen und Unruhe machen sich breit. Wie wird der Kaiser reagieren? Schickt er ein Heer, um die Aufständischen grausam zu bestrafen? Da trifft eine sensationelle, eine schreckliche Meldung ein: Der Kaiser ist ermordet worden. Stauffacher teilt es den anderen mit: »Der Mörder war sein Neffe Herzog Johann von Schwaben, dem der Kaiser das Erbe vorenthielt. Der Mörder ist flüchtig.« Zwar sind alle erschüttert über diese Botschaft, aber auch erleichtert. Denn nun darf man hoffen, dass der neue Kaiser aus einem anderen Herrschaftshaus gerechter sein wird als der alte und die Schweizer gegen Österreichs Rache schützt. Alle wollen jetzt dem Mann danken, der ihren Kampf um die Freiheit mächtig unterstützt hat, obwohl sein Wahlspruch doch stets lautete: »Der Starke ist am mächtigsten allein.« Zu Tells Haus soll der Triumphzug führen.

Bevor jedoch der Zug Tells Hof erreicht, kommt es dort zu einer mehr als überraschenden Begegnung. Tell ist erst in diesem Moment zu Hause angekommen und will Frau und Kinder in die Arme schließen, als sich ein seltsamer Mönch an ihn herandrängt. Tell erkennt schnell, dass der mysteriöse Gast kein Mönch ist: »Ihr seid der Herzog von Österreich. Ihr habt den Kaiser erschlagen.« Der Herzog versucht, seine Tat zu rechtfertigen, weil er bei Tell, der den Reichsvogt Gessler getötet hat, auf Verständnis hofft. Diesen Vergleich lehnt Tell allerdings entschieden zurück: »Dich trieb die Ehrsucht, mich dagegen Notwehr. Hier ist kein Vergleich. Flieh mein Haus, hier kannst du nicht bleiben! Geh nach Rom zum Papst, wirf dich ihm zu Füßen, und bereue deine Sünden. Jetzt müsst Ihr fort, schnell, ich höre Stimmen.«

Traurig flieht der Mörder des Kaisers vor den Jubelrufen der Schweizer, die sich jetzt vor Tells Haus versammeln. »Es lebe Tell, der Meisterschütze und unser Retter! Es lebe Tell!«

Tell und seine Frau Hedwig umarmen sich und ein anderes Liebespaar stellt sich an ihre Seite: Bertha und Rudenz reichen sich die Hand fürs Leben.

Das war die Geschichte, die Hollywood gefallen könnte. Doch wem passen Tells große Stiefel?

Spickzettel »Wilhelm Tell«

Gattung: Drama (Schauspiel)

Entstehungszeit: 1804

Ort der Handlung: Schweiz, am Vierwaldstätter See (Waldstätten Schwyz, Uri und Unterwalden)

Zeitpunkt der Handlung: Mitte des 13. Jahrhunderts

Gedankengut der literarischen Epoche: Weimarer Klassik

Themenbereiche/Ansatzpunkte zur Interpretation:

- Antagonismus zwischen Tyrannenherrschaft und Freiheit
- Staatswerdung der Schweiz
- Frage der Gottberufenheit Tells
- Unterschiedliche Formen des Widerstandes (Verhalten: Bertha, Bündnischarakter: Waldstätten, individueller: Tell)
- Tell als Typus des natürlichen, freiheitsliebenden, tätigen Menschen versus Gessler als Typus des gefühlskalten, unsittlichen, machtgierigen Menschen
- Tell als Ideal (Synthese von hohem sittlichem Gefühl und praktischem Verstand; vgl. Ideen der Weimarer Klassik)
- Frage der Legitimierung von Gewalttaten (Tyrannenmord, Notwehr) – Unterscheidung zwischen Aktivität und Passivität
- Auseinandersetzung mit dem Thema der Freiheit (persönlicher, politischer)

Anhang

Es ist ein Meer auszutrinken

»Ich bin *nicht,* was ich gewiss hätte werden können. Ich hätte *vielleicht* groß werden können, aber das Schicksal stritte zu früh wider mich.« Als Friedrich Schiller dieses Bekenntnis gegenüber seinem Freund Wilhelm Reinwald brieflich am 14. April 1783 ablegt, ist er gerade einmal 23 Jahre alt. Ist das nicht eine merkwürdig frühgreise Selbsteinschätzung? Hat hier einer sein Leben bereits in jungen Jahren verspielt und auf der Überholspur verjuxt? Oder stapelt da einer, der nach Größe gierig ist, nur tief? Und welche *Größe* meint der junge Schriftsteller, der mit der Uraufführung seines ersten berühmt-berüchtigten Stücks *Die Räuber* am 13. Januar 1782 zu einem Skandalautor und Star geworden war? Will er Politiker werden, Rebell, Schriftsteller, Philosoph oder Feldherr? Will er reich, populär oder mächtig sein? Welche Ziele verfolgt er? Was treibt ihn an?

Die Fragen bleiben. Kein anderer deutscher Schriftsteller ist nach seinem frühen Tod am 9. Mai 1805 von den Deutschen so geliebt, verehrt und vereinnahmt worden wie er. Kein anderer war so umstritten, so umkämpft. Man hat ihn zum Vorbild erklärt, zum Propheten nationaler Einheit ausgerufen, zum republikanischen Idol erkoren, man hat ihn in Stein gehauen, in Bronze gegossen, seine gesammelten Werke stolz in den Bücherschrank gestellt, man hat ihn bis zum Abwinken zitiert, mit seinen Dramen und Balladen *(Das Lied von der Glocke, Der Ring des Polykrates)* Generationen von Schülern traktiert und mit seinen Stücken immer wieder die Theaterkassen gefüllt. Im Dritten Reich machten eifrige Nationalsozialisten Schiller gar zum »Kampfgenossen Hitlers«, während die Gegner des Regimes ihn als Demokraten und Freiheitskämpfer gegen den Diktator in Stellung brachten.

Das Theater des 20. Jahrhunderts hat schließlich Probleme mit seinem Pathos gehabt. Zu aufdringlich, unaufrichtig, lautete die Diagnose. Man strich seine Stücke rigoros zusammen, verpasste ihnen ein modernes Outfit, trieb ihnen alles Klassische aus. Aber wo findet man, hinter so viel Geschichte, hinter all den Masken des Ruhms, den Menschen, der Schiller doch auch war?

Im Frühjahr 1783, als der Dreiundzwanzigjährige sich Wilhelm Reinwald anvertraut, erlebt er gerade die abenteuerlichste Episode seines Lebens. Der umstrittene Nachwuchsautor Schiller ist auf der Flucht, er gilt als Deserteur, lebt unter falschem Namen und fürchtet, dass ihn die Schergen des Herzogs Carl Eugen von Württemberg verhaften und ins Gefängnis verschleppen. Wie kam es dazu?

Johann Christoph Friedrich Schiller wird am 10. November 1759 in Marbach am Neckar geboren. Die Mutter Elisabeth Dorothea bringt auch ihn, das zweite Kind, ohne ihren Mann Johann Caspar Schiller zur Welt, der als Leutnant in Diensten des Herzogs Carl Eugen von Württemberg steht. Die Kindheit Schillers ist durch häufige Umzüge und die Abwesenheit des Vaters geprägt. Die Familie wechselt ständig den Aufenthaltsort, weil Johann Caspar Schiller der Armee des Herzogs folgen muss. Man ist nicht wohlhabend, muss sparen. Die Wohnungen sind eng, karg möbliert.

Seit 1765 erhält der Junge regelmäßig Elementarunterricht, seit 1767 besucht Schiller die Lateinschule der Garnisonsstadt Ludwigsburg. Die Unterrichtsstunden sind eintönig, es wird gepaukt, auswendig gelernt, streng bestraft. Schon als Sechsjähriger hat er einen Hang zur fantasievollen Großmäuligkeit. Er will Prediger werden. Er steigt auf einen Stuhl und belehrt seine Schwestern und Spielgefährten im Ton eines Erwachsenen.

Schillers Kindheits- und Jugendjahre sind geprägt von zwei Vätern, die sein Leben gewaltsam bestimmen wollen. Sein leiblicher Vater ist eine Art Selfmademan, einer, der sich verbissen nach oben kämpft und mit lebenerstickender Energie nach Bildung und Besitz strebt. Aus seinem Sohn soll einmal etwas werden, eine harte Hand schadet da nicht; Genuss und Zärtlichkeit sind in dieser Erziehung Fremdworte. Doch über diesem Vater steht noch ein anderer, der Landesvater, gegen dessen Gewalt sich die Pädagogik Johann Caspar Schillers beinahe herzlich ausnimmt.
Am 16. Januar 1773 steckt der Herzog den dreizehnjährigen Schiller in eine Zwangsjacke, die er erst neun Jahre später als junger Mann wird ablegen können. Der ausschweifende und verschwenderische Fürst zwingt seine Offiziere dazu, ihre begabten Söhne für sein neuestes Renommierprojekt herzugeben. Er gründet eine Militärpflanzschule, in der talentierte Landeskinder zu funktionstüchtigen Untertanen erzogen werden sollen. Auch Johann Caspar Schiller muss sich dem Druck des Herzogs beugen.
Von nun an besucht Schiller die Hohe Karlsschule, eine Lehranstalt mit vergitterten Fenstern. Ihre Eltern bekommen die Schüler kaum zu Gesicht. Es herrscht Perücken- und Uniformzwang, größere Spaziergänge finden nur sonntags unter der Aufsicht von Offizie-

ren statt. In diesem pädagogischen Käfig wächst der junge Schiller heran. Zuerst studiert er lustlos Jura und wird einer der schlechtesten Schüler. Daraufhin zwingt ihn der Herzog 1775, das Studium der Medizin zu beginnen, aber auch das verfolgt er nur halbherzig. Sehr viel mehr fasziniert ihn die Idee der Größe, das Geniale an sich. Er begeistert sich für die großen Männer der Geschichte, er hört gespannt zu, als sein Lehrer Abel über das Thema referiert: »Werden große Geister geboren oder erzogen, oder welches sind die Merkmale derselbigen?«
Obwohl Schiller als Medizinstudent kein ausgeprägtes Engagement zeigt, setzt er das Studium fort und wird schließlich am 15. Dezember 1780 als frisch gebackener Arzt aus der Schule entlassen. Frei ist er jedoch keineswegs, groß ebenso wenig. Auf Befehl des Herzogs muss er in Stuttgart eine Stelle als Regimentsmedikus antreten. Ohne ausdrückliche Genehmigung darf er die Stadt nicht verlassen, das Tragen der Uniform ist Pflicht.
So weit die äußere Biografie. Die innere Biografie geht andere Wege. Als Schüler beginnt Schiller heimlich zu lesen und zu schreiben. Gierig verschlingt er die neuesten Romane, Gedichte, Essays und Dramen und übt sich mit seinen Freunden im Schreiben pathetischer Theaterstücke. Shakespeare, Klopstock oder

Goethe heißen seine bewunderten Vorbilder. So öffnen sich Perspektiven jenseits des aufgezwungenen Lebens. Ein Dramenschreiber kann Tyrannen stürzen, er kann sich Helden erfinden und sich ihnen anvertrauen. Er kann als imaginierter Held selbst Grenzen überschreiten, Freunde gewinnen, sein Herz ausschütten, er kann von Ruhm, Freiheit und besseren Zeiten träumen, er kann lieben, große Worte machen. All das lebt der heranwachsende Schiller in seiner literarischen Welt aus. Er entdeckt auch, dass man als Dramatiker töten kann, jene ungeliebten Väter, die furchtbaren Pädagogen, entmachten, sie auf den Abfallhaufen der Geschichte werfen kann.

So entstehen *Die Räuber,* eine wüste Rebellion und Anklage gegen die Welt der Väter. Später hat sich Schiller für dieses »Monstrum« geschämt, damals bedeutete es ihm alles. Als Herzog Carl Eugen erfährt, dass Schiller unerlaubt nach Mannheim gereist war, um sein Stück im Theater zu sehen, lässt er ihn vierzehn Tage lang einsperren und verbietet ihm fortan das »Komödienschreiben«. Gegen diese erneute Freiheitsberaubung wehrt sich Schiller mit Flucht. Über Mannheim, Frankfurt und Oggersheim führt sein Weg schließlich nach Bauerbach in Thüringen, wo er sich auf dem Gutshof seiner Gönnerin Henriette von Wolzogen einquartiert. Hier lernt er den Bibliothekar

Reinwald kennen, der ihn mit dem nötigen Lesestoff versorgt. »Ich bin *nicht*, was ich gewiss hätte werden können«, schreibt der Flüchtling an seinen neuen Freund. Aber *können* bedeutet nicht *wollen* und was will Schiller wirklich? »Ich wollte nur *Pfarrer* werden – und bleibe hangen am Theater!«, schreibt er am 14. November 1783 sarkastisch an Henriette von Wolzogen. Ahnt der junge Dichter bereits, welche Enttäuschungen ihm das Theater bereiten wird? Welche Mühsal auf ihn wartet?

Von 1783 bis 1784 ist Schiller angestellter Theaterdichter in Mannheim. Das Jahr wird zum Fiasko. Der Intendant Dalberg erwartet Großes vom genialischen Dichter der Räuber, aber bereits dessen zweites Stück, *Die Verschwörung des Fiesko zu Genua*, kommt beim Publikum nicht mehr an. Mit *Kabale und Liebe*, dem bedeutendsten Drama des Sturm und Drang, gelingt Schiller zwar erneut ein großer Erfolg, dennoch setzt Dalberg ihn nach nur einem Jahr Engagement wieder vor die Tür.

Schiller war ein Fremdkörper am Theater geworden. Mit den Schauspielern, die die schwierige Sprache seiner Stücke nicht schätzen, ist er zerstritten, seine hochfliegenden Ambitionen, die aus dem Theater eine nationale Erziehungs- und Bildungsstätte machen wollen, stehen quer zum hektisch-oberflächlichen

Theaterbetrieb. Wohin jetzt? Alte und neue Schulden plagen Schiller, die Gläubiger setzen ihm zu und seine Gesundheit ist durch zahlreiche Krankheiten massiv untergraben. Dalberg hat ihm nicht ohne Spott empfohlen, wieder zum Arztberuf zurückzukehren. Ist Schiller schon mit vierundzwanzig ein Wrack, eine verkrachte Existenz?

Unverhoffte Hilfe kommt von Fremden. Der Konsistorialrat Christian Gottfried Körner, der Lektor Ludwig Ferdinand Huber und ihre beiden Verlobten, die Schwestern Dora und Minna Stock, bewundern seine Kunst und laden ihn nach Leipzig ein. Sie bezahlen dem völlig mittellosen Dichter auch die Reise. Schiller hat Glück mit den Unbekannten. Man ist sich sympathisch, kommt sich schnell näher und Körner wird für ihn sogar zum Lebensfreund. Für die nächsten anderthalb Jahre findet Schiller in diesem Kreis Geborgenheit, ein Zuhause, einen Ort, an dem er sich schreibend selbst erproben kann.

Durch die finanzielle Hilfe der Freunde ist er von den Zwängen der freien Schriftstellerexistenz relativ befreit. Doch obwohl er eine gewisse Sicherheit und Stabilität gewinnt, kommt er innerlich nicht zur Ruhe. Schiller beginnt, und das wird im Laufe seines Lebens immer stärker der Fall sein, sich leidenschaftlich und leidend in seine Arbeit zu verbeißen. Er entwirft, verwirft, stößt neue Projekte an, schreibt gleichzeitig an mehreren Texten. Er experimentiert mit verschiedenen Gattungen, er beginnt den Roman *Der Geisterseher,* schreibt Gedichte, gründet die *Rheinische Thalia,* eine Literaturzeitschrift, arbeitet an seinem neuen Drama *Don Karlos* und betreibt außerdem intensive Geschichtsstudien. Er ist unzufrieden mit seiner Bildung, mit Gewalt will er das Verpasste nachholen. Dabei ist er gründlich, streng mit sich selbst. Trotzdem bleibt ein Mangel, eine Leere.

Als er Ende Juli 1787 nach Weimar reist, ahnt er nicht, dass er nie mehr zu den Freunden zurückkehren wird. Den Rest seines Lebens wird er in Weimar und Jena verbringen, ein Leben innerhalb eines engsten räumlichen Radius, ein Leben in Zimmern zumeist, zwischen Büchern, Manuskripten und ehrgeizigen Plänen.

Bereits im Dezember 1784 hatte Schiller Carl August, den Erbprinzen von Sachsen-Weimar-Eisenach, am Darmstädter Hof kennengelernt, wo er ihm aus seinem *Don Karlos* vorlesen durfte. Carl August verlieh ihm zum Dank den Titel eines Weimarer Rates, für den sich Schiller einstweilen nichts kaufen konnte, der ihn aber gleichsam zum Angehörigen einer Geisteselite machte, die sich in der äußerlich unscheinbaren Residenzstadt des kleinen Herzogtums niedergelassen hat. Hier leben Wieland, Herder und Goethe, die »drei Weimarischen Riesen«, und zahlreiche andere Intellektuelle, mit denen sich Schiller messen will. Nach und nach lernt Schiller sie kennen und dieser Vergleich macht ihn nicht mutlos, denn sein Geist, so findet er, ist ihnen gewachsen. Ja, der Vergleich spornt ihn an, seine Wissensdefizite zu bekämpfen. Für fast ein ganzes Jahrzehnt verzichtet er darauf, weitere Dramen und Gedichte zu schreiben, und verordnet sich selbst ein rigoroses Bildungsprogramm. Er stürzt sich zunächst ins Geschichtsstudium, erforscht die antike Dichtung und vertieft sich dann von 1791 bis 1795 in die Philosophie Immanuel Kants. Legendär und berüchtigt wurde diese Ich-Universität nicht nur, weil Schiller sich mit äußerster Härte selbst schult, sondern auch, weil er die Existenz des Dichters abstreift, als sei sie nur ein alter Mantel gewesen. Er bleibt zwar Schriftsteller, aber er erprobt nun die Rollen des Historikers und die des Philosophen.

Es ist, neben dem Hunger nach Bildung und der Sehnsucht nach Größe, nicht zuletzt der Geldmangel, der ihn zu diesem Schritt treibt, denn als Dramatiker ist Schiller jetzt zwar berühmt, aber Geld hat er trotzdem nicht. Nachdem sein erstes historisches Werk, die *Geschichte des Abfalls der vereinigten Niederlan-*

de, ein kommerzieller Erfolg wird, bietet man ihm eine außerordentliche Professur an der Universität Jena an. Schiller beginnt die Vorlesungen im Mai 1789 mit viel Elan, aber eine schwere Lungenentzündung und nachfolgende Erkrankungen bringen ihn 1791 an den Rand des Todes. Im Juni meldet eine Zeitung aus Jena voreilig: »Der Liebling der deutschen Musen, Hofrath Schiller ist hier gestorben.«

Von diesem Punkt an wird Schillers Biografie zu einer Krankheitsgeschichte, zu einem Drama, das aus dem Dichter einen Helden macht, wie er ihn selbst kaum hätte erfinden können. Als man am 10. Mai 1805 die Leiche des toten Schiller öffnet und die inneren Organe untersucht, staunt der Arzt, dass ein Mensch mit so zerstörtem Körper überhaupt so lange hatte überleben können. Tatsächlich malträtiert Schiller seinen Körper, er zwingt sich, auch wenn er krank ist, zur Arbeit. Mit Nikotin, Schokolade und Alkohol putscht er sich auf, um die Nächte durcharbeiten zu können. Hinter diesen heroischen Bildern, die die Biografen Schillers immer wieder hervorgehoben haben – auch Thomas Mann hat dem tapfer leidenden Dichter in seiner Erzählung *Schwere Stunde* ein Denkmal gesetzt –, verblassen die anderen Lebensbilder immer mehr. Tatsächlich wird Schillers Leben nach der schweren Krankheit von 1781 immer ärmer an Ereignissen. Es ist, im Ganzen betrachtet, keinesfalls eine so lebenssatte und bewegte Biografie wie die seines großen Freundes Goethe.

Leidenschaftliche Gefühle scheint Schiller kaum ausgelebt zu haben. Er war ein paar Mal verliebt, meist ohne Erfolg, und half sich schnell darüber hinweg. Einen lebenslangen Schmerz hat er nie davongetragen. Ist es Liebe, als er Charlotte von Lengefeld aus Rudolstadt am 22. Februar 1790 heiratet? Fühlte er sich insgeheim nicht stärker zu Charlottes Schwester Caroline hingezogen? Und wer stellt sich Schiller, er hat vier Kinder mit Charlotte, schon als Vater vor? Was ihn antreibt, lässt den Alltag hinter sich. Er will sich arbeitend eine menschliche Größe erobern, das Kleine und Gemeine abschütteln und den Staub der menschlichen Existenz durch hohen Gedankenflug überwinden. Sein Geist strebte, so hat es Goethe in seinem *Epilog zu Schillers »Glocke«* formuliert »ins Ewige des Wahren, Guten, Schönen«.

In seinen philosophischen Texten wie *Anmut und Würde* (1793), *Über die ästhetische Erziehung des Menschen* (1795) oder *Über naive und sentimentalische Dichtung* (1795) versucht er sich als Erzieher und Therapeut, der, zumindest in der Theorie, dem »rohen Menschen« der Gegenwart das Bild eines ideellen Menschen entgegensetzt, der seine Kräfte und Vermögen ganzheitlich entwickelt. Gelesen werden diese Texte heute nicht mehr, nur noch an den Universitäten müht man sich mitunter, die sperrige Begrifflichkeit zu deuten. Im Kern sind diese Texte melancholisch, weil der Therapeut Schiller an seine Therapie nicht wirklich glaubt und der Idee vom Menschen letztendlich mehr vertraut als den Menschen selbst.

Obwohl der Begriff der Freiheit in Schillers Dramen und theoretischen Essays immer wieder auftaucht, hat er kaum Interesse an praktischer Politik und Tagespolitik gehabt. Die Französische Revolution von 1789 interessiert ihn nur kurze Zeit, er findet, dass die Menschen zu »klein« sind für diesen »großen Moment«. Zuerst, so Schiller, müsse sich der Mensch ändern, sonst seien alle Bemühungen, die Gesellschaft zu verändern, vergeblich. Der Idealist, so hat es Schiller in *Über naive und sentimentalische Dichtung* definiert, denkt von der Menschheit so groß, dass er darüber in Gefahr gerät, die Menschen zu verachten. Schiller hat sehr wohl erkannt, dass er selbst dieser Gefahr ausgesetzt war. Der edle, aber selbstherrliche Aufklärer und Menschenfreund Marquis Posa legt im *Don Karlos* ein Bekenntnis ab, das auch auf Schiller zutreffen könnte: »Das Jahrhundert ist meinem Ideal nicht reif. Ich lebe ein Bürger derer, welche kommen werden.«

Dass Schiller selbst ununterbrochen an sich arbeitete

und sich zur Größe erziehen wollte, hat Goethe bezeugt, mit dem ihn seit 1794 eine spannungsreiche Freundschaft und Arbeitsbeziehung verband: »Wenn man ihn nach acht Tagen wiedersah, so fand man einen anderen und staunte und wusste nicht, wo man ihn anfassen konnte.« Schiller begleitete das Entstehen von Goethes Roman *Wilhelm Meister* mit produktiver Kritik, man regte sich gegenseitig zu berühmt gewordenen Balladen an, leitete zusammen das Weimarer Hoftheater und stritt mit den polemischen *Xenien* gegen flache und kleine Geister. Neben Bewunderung klingt in Goethes Charakterisierung allerdings auch eine gewisse Irritation über den Freund an. Wo steckt, inmitten dieser sich rastlos entfaltenden Energie, der Kern dieses Menschen, das bestimmende Muster seines Lebens?

Die Zusammenarbeit mit Goethe inspiriert Schiller, sich nach fast zehnjähriger Unterbrechung wieder als Dramatiker zu versuchen. Er beginnt 1796 mit dem *Wallenstein* und quält sich über zwei Jahre mit dem sperrigen Stoff. Krankheiten werfen ihn häufig zurück. An Körner schreibt er entnervt: »Wie will ich dem Himmel danken, wenn dieser *Wallenstein* von meinem Schreibtisch verschwunden ist. Es ist ein Meer auszutrinken, und ich sehe manchmal das Ende nicht.« Doch als der *Wallenstein* endlich von Schillers

Schreibtisch verschwunden und mit großem Erfolg in Weimar uraufgeführt wurde, kann sich der Dichter noch immer nicht entspannen. Die Arbeit an seinem nächsten Drama, *Maria Stuart,* bedrängt ihn schon. Im Winter 1799 siedelt die Familie Schiller endgültig von Jena nach Weimar um. Viel Zeit bleibt Schiller nicht mehr und er spürt, dass er sich auf seinen zerstörten Körper nicht mehr lange wird verlassen können. Nachdem er die *Maria Stuart* beendet hat, schreibt Schiller: »Ich fange endlich an, mich des dramatischen Organs zu bemächtigen und mein Handwerk zu verstehen.« Das klingt bescheiden für den berühmtesten Dramatiker seiner Zeit, doch Schiller ist selbstkritisch und steckt seine Ziele hoch. Kaum hat er 1801 *Die Jungfrau von Orleans* abgeschlossen, wird er ungeduldig, weil er noch keinen Plan für ein neues Drama hat.

Das letzte Drama, das Schiller vollenden kann, wird das erfolgreichste Stück seines Lebens: *Wilhelm Tell.* Goethe hat sehr anschaulich beschrieben, mit welcher Energie sich Schiller in die Arbeit stürzte. Es ist zugleich ein lebendiges Charakterporträt geworden: »Schiller behauptete, der Mensch müsse können, was er wolle, und nach dieser Manier verfuhr er. Ich will Ihnen ein Beispiel geben: Schiller stellte sich die Aufgabe, den *Tell* zu schreiben. Er fing damit an, alle

Wände seines Zimmers mit so viel Spezialkarten der Schweiz zu bekleben, als er auftreiben konnte. Nun las er Schweizer Reisebeschreibungen, bis er mit Weg und Stegen des Schauplatzes des Schweizer Aufstandes auf das Genaueste bekannt war. Dabei studierte er die Geschichte der Schweiz; und nachdem er alles Material zusammengebracht hatte, setzte er sich über die Arbeit, und buchstäblich genommen stand er nicht eher vom Platze auf, bis der *Tell* fertig war. Überfiel ihn die Müdigkeit, so legte er den Kopf auf den Arm und schlief. Sobald er wieder erwachte, ließ er sich nicht, wie ihm fälschlich nachgesagt worden, Champagner, sondern starken, schwarzen Kaffee bringen, um sich munter zu halten.«

Schillers Hoffnung, das fünfzigste Lebensjahr zu erreichen, bleibt unerfüllt. Am Abend des 1. Mai besucht er ein letztes Mal das Theater und kehrt mit hohem Fieber heim. Obwohl er todkrank ist, zwingt er sich am 3. Mai noch einmal an den Schreibtisch, um an seinem letzten Drama *Demetrius* weiterzuschreiben. Doch diesmal muss Schiller kapitulieren. In den Morgenstunden des 9. Mai 1805 trinkt er auf Anraten des Arztes ein letztes Glas Champagner, um den Kreislauf anzuregen. Am Nachmittag stirbt er.

Lebensdaten

1759 Am 10. November wird Johann Christoph Friedrich Schiller in Marbach am Neckar geboren

1762 Die Familie Schiller zieht nach Ludwigsburg um

1765 Beginn des Unterrichts in der Elementarschule

1766 Erneuter Umzug nach Ludwigsburg

1767 Wechsel in die Ludwigsburger Lateinschule

1772 Schiller entwirft erste Dramenskizzen

1773 Auf Befehl des Herzogs Carl Eugen und gegen den Willen der Eltern tritt Schiller in die Militärische Pflanzschule ein, die sogenannte Karlsschule. Er wird auf der Solitude kaserniert

1774 Beginn des Jurastudiums

1776 Beginn des Medizinstudiums

1780 Nach erfolgreichem Abschluss des Medizinstudiums beginnt Schiller als Regimentsarzt in Stuttgart

1781 Entstehung des Dramas *Die Räuber*

1782 Am 13. Januar Uraufführung der *Räuber* in Mannheim. Am 22. September Flucht aus Stuttgart nach Mannheim

1783 Ab September wird Schiller vom Mannheimer Intendanten Dalberg als Theaterdichter angestellt. Malariaerkrankung. *Die Verschwörung des Fiesko zu Genua. Ein republikanisches Trauerspiel*

1784 Uraufführung von *Fiesko* und *Kabale und Liebe.* Schillers Vertrag als Theaterdichter wird nicht verlängert. Ende Dezember liest Schiller in Anwesenheit des weimarischen Herzogs Carl August am Darmstädter Hof den ersten Akt des *Don Karlos*

1785 Beginn der lebenslangen Freundschaft mit Christian Gottfried Körner

1787 Im Juli Reise nach Weimar, Treffen mit Wieland und Herder. Schiller lernt Charlotte von Lengefeld und ihre verheiratete Schwester Caroline von Beulwitz kennen

1789 Umzug nach Jena, Antritt der Professur für Philosophie. Bekanntschaft mit Wilhelm von Humboldt

1790 Am 22. Februar Hochzeit mit Charlotte von Lengefeld

1791 Lebensgefährliche Erkrankung, von der sich Schiller nie wirklich erholen wird

1792 Erneute schwere Erkrankung. Das Pariser Nationalkonvent ernennt ihn zum Bürger Frankreichs

1793 Am 14. September Geburt von Schillers erstem Sohn. Am 24. Oktober stirbt Herzog Carl Eugen von Württemberg

1794 Beginn der Freundschaft mit Goethe. Schiller stellt seine Vorlesungen in Jena ein

1795 *Über die ästhetische Erziehung des Menschen; Über naive und sentimentalische Dichtung* erscheinen in Schillers Literaturzeitschrift *Horen*

1796 Am 11. Juli Geburt des zweiten Sohnes

1797 Schiller diskutiert mit Goethe und Humboldt über sein *Wallenstein*-Projekt. *Der Ring des Polykrates, Der Taucher, Die Kraniche des Ibykus* u. a. berühmte Balladen entstehen

1798 Intensive Arbeit am *Wallenstein*

1799 Uraufführung von *Die Piccolomini* (30. Januar) und *Wallensteins Tod* (20. April) in Weimar. Am 11. Oktober Geburt der Tochter. Umzug nach Weimar. *Das Lied von der Glocke*

1801 Am 11. September Uraufführung der *Jungfrau von Orleans. Maria Stuart* erscheint

1803 Arbeit am *Wilhelm Tell*

1804 Am 17. März Uraufführung des *Wilhelm Tell* in Weimar. Reise nach Berlin. Schiller trifft Iffland, Hufeland, Zelter und wird am 13. Mai von Königin Luise empfangen. Am 25. Juli Geburt der zweiten Tochter

1805 Arbeit am *Demetrius.* Schiller trifft Goethe am 1. Mai ein letztes Mal. Am 9. Mai stirbt Schiller infolge einer akuten Lungenentzündung

Geflügelte Worte und berühmte Zitate

Die Räuber

Mir ekelt vor diesem tintenklecksenden Säkulum, wenn ich in meinem Plutarch lese von großen Menschen. (1, 2)

Pfui! Pfui über das schlappe Kastratenjahrhundert. (1, 2)

Willst du dich von deinen Bubenjahren hofmeistern lassen? (3, 2)

Der Mensch entstehet aus Morast, und watet eine Weile im Morast, und macht Morast, und gärt wieder zusammen in Morast, bis er zuletzt an den Schuhsohlen seines Urenkels unflätig anklebt. (4, 2)

Außendinge sind nur der Anstrich des Mannes – *Ich* bin mein Himmel und meine Hölle. (4, 5)

Da steh ich am Rand eines entsetzlichen Lebens und erfahre nun mit Zähnklappern und Heulen, dass *zwei Menschen wie ich den ganzen Bau der sittlichen Welt zugrund richten würden.* (5, 2)

Die Verschwörung des Fiesko zu Genua

Wärme mir einer das verdroschene Märchen von der Redlichkeit auf, wenn der Bankerott eines Taugenichts und die Brunst eines Wollüstlings das Glück eines Staats entscheiden. (1, 3)

Donner und Doria! (1, 5)

Gewalt ist die beste Beredsamkeit. (1, 5)

Leben heißt *träumen;* weise sein, heißt *angenehm träumen.* (1, 6)

Wenn auch des Betrügers Witz den Betrug nicht adelt, so adelt doch der Preis den Betrüger. Es ist schimpflich, eine Börse zu leeren – es ist frech, eine Million zu veruntreuen, aber es ist namenlos groß, eine Krone zu stehlen. (3, 2)

Der Mohr hat seine Arbeit getan, der Mohr kann gehen. (3, 4)

Alles zu retten, muss *alles* gewagt werden. (4, 6)

Liebe hat *Tränen* und kann Tränen verstehen; *Herrschsucht* hat eherne Augen, worin ewig nie die Empfindung perlt. (4, 14)

Kabale und Liebe

In meinem *Herzen* liegen alle meine Wünsche begraben. (1, 7)

Es ist verdrüßlich, ein Ross zu reiten, das nicht auch in den Zügel beißt. (2, 1)

Die Wollust der Großen dieser Welt ist die nimmersatte Hyäne, die sich mit Heißhunger Opfer sucht. (2, 3)

Wir wollen sehen, ob die *Mode* oder die *Menschheit* auf dem Platz bleiben wird. (2, 3)

Aber ich will seine Kabalen durchbohren – durchreißen will ich alle diese eisernen Ketten des Vorurteils – Frei wie ein Mann will ich wählen, dass diese Insektenseelen am Riesenwerk meiner Liebe hinaufschwindeln. (2, 5)

Was sollten auch die phantastischen Träumereien von Seelengröße und persönlichem Adel an einem Hof, wo die größte Weisheit diejenige ist, im rechten Tempo, auf eine geschickte Art, groß und klein zu sein. (3, 1)

Du, Luise, und *ich* und die *Liebe!* – Liegt nicht in diesem Zirkel der ganze Himmel? oder brauchst du noch etwas Viertes dazu? (3, 4)

Wenn nur ein Frevel dich mir erhalten kann, so hab ich noch Stärke, dich zu verlieren. (3, 4)

Seligkeit zerstören ist auch Seligkeit. (4, 7)

Don Karlos

Die schönen Tage in Aranjuez sind nun zu Ende. Eure Königliche Hoheit verlassen es nicht heiterer. (1, 1)

Wo alles liebt, kann Karl allein nicht hassen. (1, 1)

Gewalt ist für den Schwachen jederzeit ein Riese. (1, 4)

Der Knabe Don Karl fängt an mir fürchterlich zu werden. (1, 6)

Arm in Arm mit dir, so fordr' ich mein Jahrhundert in die Schranken. (1, 9)

Keine Träne dem ungeheuern Schicksal der Provinzen, nicht einmal eine Träne mehr – O Karl, wie arm bist du, wie bettelarm geworden, seitdem du niemand liebst als dich! (2, 15)

Das Jahrhundert ist meinem Ideal nicht reif. Ich lebe ein Bürger derer, welche kommen werden. (3, 10)

Ein Federzug von dieser Hand, und neu erschaffen wird die Erde. Geben Sie Gedankenfreiheit. (3, 10)

Sagen Sie ihm, dass er für die Träume seiner Jugend soll Achtung tragen, wenn er Mann sein wird. (4, 21)

Für einen Knaben stirbt ein Posa nicht. Der Freundschaft arme Flamme füllt eines Posa Herz nicht aus. Das schlug der ganzen Menschheit. Seine Neigung war die Welt mit allen kommenden Geschlechtern. (5, 9)

Wallenstein

Wallensteins Lager

Die ganze Welt ist ein Klagehaus. (8)

Und setzet ihr nicht das Leben ein,
Nie wird euch das Leben gewonnen sein. (11)

Die Piccolomini

Spät kommt Ihr – Doch Ihr kommt! (1, 1)

Die Uhr schlägt keinem Glücklichen. (1, 1)

Wallensteins Tod

Nicht was lebendig, kraftvoll sich verkündigt,
Ist das gefährlich Furchtbare. Das ganz
Gemeine ist's, das ewig Gestrige. (1, 5)

Nicht hoffe, wer des Drachens Zähne sät,
Erfreuliches zu ernten. (1, 7)

Eng ist die Welt, und das Gehirn ist *weit.* (2, 2)

Es ist der Geist, der sich den Körper baut. (3, 15)

Daran erkenn ich meine Pappenheimer. (3, 15)

Wo viel Freiheit, ist viel Irrtum,
Doch sicher ist der schmale Weg der Pflicht. (4, 2)

Das Herz und nicht die Meinung ehrt den Mann. (4, 9)

Ein jeder gibt den Wert sich selbst. (4, 9)

Was ist das Leben ohne Liebesglanz? (4, 12)

Ich denke einen langen Schlaf zu tun. (5, 6)

Maria Stuart

Man kann den Menschen nicht verwehren,
Zu denken, was sie wollen. (1, 8)

Was man *scheint,*
Hat jedermann zum Richter, was man *ist,*
hat keinen. (2, 5)

So sind die Männer. Lüstlinge sind alle!
Dem Leichtsinn eilen sie, der Freude zu,
Und schätzen nichts, was sie verehren müssen. (2, 9)

Die Welt hat andre Sorgen. (3, 4)

Das Ärgste weiß die Welt von mir und ich
Kann sagen, ich bin besser als mein Ruf. (3, 5)

Das Leben ist
Nur ein Moment, der Tod ist auch nur einer! (3, 6)

Wort und Blicke werden abgewogen,
Gedanken selber vor Gericht gestellt. (4, 3)

Der Schein ist gegen mich, doch darf ich hoffen,
Dass ich nicht nach dem Schein gerichtet werde! (4, 6)

Die wankelmüt'ge Menge,
Die jeder Wind herumtreibt! Wehe dem,
Der auf dies Rohr sich lehnet! (4, 11)

Der Lord lässt sich
Entschuldigen, er ist zu Schiff nach Frankreich. (5, 15)

Die Jungfrau von Orleans

Wie kommt mir solcher Glanz in meine Hütte? (Prolog)

Wer nicht die Schönheit tapfer kann beschützen,
Verdient nicht ihren goldnen Preis. (1, 2)

Der Mensch ist, der lebendig fühlende,
Der leichte Raub des mächt'gen Augenblicks. (3, 4)

Mit der Dummheit kämpfen Götter selbst vergebens.
(3, 6)

Der Mensch braucht wenig und an Leben reich
Ist die Natur. (5, 4)

Ohne Götter fällt kein Haar
Vom Haupt des Menschen. (5, 5)

Kurz ist der Schmerz und ewig ist die Freude! (5, 14)

Wilhelm Tell

Der brave Mann denkt an sich selbst zuletzt. (1, 1)

Der kluge Mann baut vor. (1, 2)

Was Hände bauten, können Hände stürzen. (1, 3)

Das schwere Herz wird nicht durch Worte leicht. (1, 3)

Die schnellen Herrscher sind's, die kurz regieren. (1, 3)

Ein jeder zählt nur sicher auf sich selbst. (1, 3)

Verbunden werden auch die Schwachen mächtig. (1, 3)

Der Starke ist am mächtigsten *allein.* (1, 3)

Ans Vaterland, ans teure, schließ dich an. (2, 1)

Unter der Erde liegt schon *meine* Zeit,
Wohl dem, der mit der *neuen* nicht mehr braucht zu leben! (2, 1)

Nicht mir, dem Alter sei die Ehre. (2, 2)

Nein, eine Grenze hat Tyrannenmacht. (2, 2)

Der Eifer auch, der gute, kann verraten. (2, 2)

Wir wollen sein ein einzig Volk von Brüdern,
In keiner Not uns trennen und Gefahr. (2, 2)

Früh übt sich, was ein Meister werden will. (3, 1)

Die Axt im Haus erspart den Zimmermann. (3, 1)

Wer gar zu viel bedenkt, wird wenig leisten. (3, 1)

Das Volk versteht sich besser auf sein Glück,
Kein Schein verführt sein sicheres Gefühl. (3, 2)

Das Alte stürzt, es ändert sich die Zeit,
Und neues Leben blüht aus den Ruinen. (4, 2)

Durch diese hohle Gasse muss er kommen,
Es führt kein andrer Weg nach Küssnacht. (4, 3)

Ich laure auf ein edles Wild. (4, 3)

Dem Schwachen ist sein Stachel auch gegeben. (4, 3)

Es kann der Frömmste nicht im Frieden bleiben,
Wenn es dem bösen Nachbarn nicht gefällt. (4, 3)

Aus den Gedichten und Balladen

Halbkugeln einer bessern Welt,
Die vollen Brüste springen –
...
Wer keinen Menschen machen kann,
Der kann auch keinen lieben.
Kastraten und Männer

Tote Gruppen sind wir – wenn wir hassen,
Götter – wenn wir liebend uns umfassen!
Die Freundschaft

Auch ich war in Arkadien geboren,
Doch Tränen gab der kurze Lenz mir nur.
Resignation

Weh dem, der zu der Wahrheit geht durch Schuld,
Sie wird ihm nimmermehr erfreulich sein.
Das verschleierte Bild zu Sais

Der Zeitpunkt

Eine große Epoche hat das Jahrhundert geboren,
Aber der große Moment findet ein kleines Geschlecht.
Xenien

Das deutsche Reich

Deutschland? aber wo liegt es? Ich weiß das Land nicht zu finden,
Wo das gelehrte beginnt, hört das politische auf.
Xenien

Mein Glaube

Welche Religion ich bekenne? Keine von allen,
Die du mir nennst! »Und warum keine?« Aus Religion.
Tabulae Votivae

Aufgabe

Keiner sei gleich dem andern, doch gleich sei jeder dem Höchsten,
Wie das zu machen? Es sei jeder vollendet in sich.
Tabulae Votivae

Bedingung

Ewig strebst du umsonst, dich dem Göttlichen ähnlich zu machen,
Hast du das Göttliche nicht erst zu dem *Deinen* gemacht.
Tabulae Votivae

Der Vorzug

Über das Herz zu siegen, ist groß, ich verehre den Tapfern,
Aber wer *durch* sein Herz sieget, er gilt mir noch mehr.
Tabulae Votivae

Wer wagt es, Rittersmann oder Knapp,
Zu tauchen in diesen Schlund?
Der Taucher

Mir grauet vor der Götter Neide,
Des Lebens ungemischte Freude
Ward keinem Irdischen zuteil.
...
Hier wendet sich der Gast mit Grausen:
»So kann ich hier nicht ferner hausen.«
Der Ring des Polykrates

Drum prüfe, wer sich ewig bindet,
Ob sich das Herz zum Herzen findet!
Der Wahn ist kurz, die Reu ist lang.
...
Der Mann muss hinaus
Ins feindliche Leben
...
Und drinnen waltet
Die züchtige Hausfrau
...
Alles rennet, rettet, flüchtet
...
Arbeit ist des Bürgers Zierde,
Segen ist der Mühe Preis
...

Gefährlich ist's, den Leu zu wecken,
Und grimmig ist des Tigers Zahn,
Jedoch der schrecklichste der Schrecken,
Das ist der Mensch in seinem Wahn.
Das Lied von der Glocke

Auch das Schöne muss sterben!
Nänie

Das Jahrhundert ist im Sturm geschieden,
und das neue öffnet sich mit Mord.
...
Freiheit ist nur in dem Reich der Träume,
und das Schöne blüht nur im Gesang.
An ***

Wir, wir *leben!* Unser sind die Stunden,
Und der Lebende hat recht.
...
Ewig jung ist nur die Phantasie.
An die Freunde

Raum ist in der kleinsten Hütte
Für ein glücklich liebend Paar.
Der Jüngling am Bache

Zum Lesen

Zitiert wird in diesem Band nach der Berliner Ausgabe der Sämtlichen Werke Schillers in zehn Bänden, herausgegeben von Hans-Günther Thalheim u. a., Berlin 1980 ff. Alle Dramen liegen außerdem in Reclams Universal-Bibliothek vor, preiswert, verlässlich, handlich.

In den Nacherzählungen der Dramen wurde frei zitiert.

Und Weiterlesen

Claudia Albert (Hrsg.): Klassiker im Nationalsozialismus, Stuttgart, Weimar 1994.

Peter-André Alt: Schiller. Leben, Werk, Zeit, München 2000.

Klaus L. Berghahn: Schiller. Ansichten eines Idealisten, Frankfurt am Main 1986.

Friedrich Burschell: Friedrich Schiller, Hamburg 2000.

Sigrid Damm: Das Leben des Friedrich Schiller. Eine Wanderung, Frankfurt/Main 2004.

Götz-Lothar Darsow: Friedrich Schiller, Stuttgart, Weimar 2000.

Friedrich Dürrenmatt: Friedrich Schiller. In: Dürrenmatt: Werkausgabe, Band 26, Literatur und Kunst, Zürich 1980, S. 82–102.

Axel Gellhaus, Norbert Oellers (Hrsg.): Schiller, Bilder und Texte zu seinem Leben, Köln, Böhlau 1999.

Marie Haller-Nevermann: Friedrich Schiller. Ich kann nicht Fürstendiener sein. Eine Biografie, Berlin 2004.

Walter Hinderer (Hrsg.): Schillers Dramen. Interpretationen, Stuttgart 1992.

Hilde Lermann (Hrsg.): Schillers Sohn Ernst. Ein Psychogramm in Briefen, Frankfurt am Main, Leipzig 2002.

Helmut Koopmann (Hrsg.): Schiller Handbuch, Stuttgart 1998.

Thomas Mann: Versuch über Schiller. In: Th. Mann: Leiden und Größe der Meister, Frankfurt am Main 1982, S. 369–452.

Hans Mayer: Versuche über Schiller, Frankfurt am Main 1987.

Rainer Noltenius: Dichterfeiern in Deutschland, München 1984.

Norbert Oellers: Friedrich Schiller. Zur Modernität eines Klassikers, Frankfurt am Main, Leipzig 1996.

Henning Rischbieter: Schiller I und II, Dramatiker des Welttheaters, Velber 1969.

Georg Ruppelt: Schiller im nationalsozialistischen Deutschland, Stuttgart 1979.

Rüdiger Safranski: Friedrich Schiller oder Die Erfindung des Deutschen Idealismus. Biografie, München 2004.

Gert Ueding: Friedrich Schiller, München 1990.

Bernhard Zeller (Hrsg.): Schiller. Leben und Werk in Daten und Bildern, Frankfurt am Main 1977.

Rüdiger Zymner. Friedrich Schiller. Dramen, Berlin 2002.